JN028997

バル・ビストロ・カジュアルレストラン

ワンオペ店の仕込み術

冷凍保存／真空包装／メニュー構成
段取り／常備アイテム

柴田書店

はじめに

料理もサービスもすべて1人で行なう、

いわゆる「ワンオペ店」が増えています。

中でも、種類豊富なアラカルトを揃える

ワンオペ店のオーナーシェフたちは、

毎日どんな準備をして営業に臨んでいるのでしょう──。

本書はワンオペ店がスムーズに営業するために

不可欠な「仕込み」にフォーカス。

常備菜や万能ソース、真空包装や冷凍保存を

駆使した仕込みアイテムと、それらを組み合わせて

仕上げる料理を集めました。

加えて、メニュー構成の工夫、仕込みの段取り、

1日のスケジュールなども紹介。

カジュアルなワンオペ店の裏側に、

さまざまな店作りのヒントが隠されているはずです。

本書を使う前に

* 記載の分量、温度、時間、火加減は目安です。
  厨房の環境に応じて調整してください。
* 大さじ1は15㎖、小さじ1は5㎖を示します。
* 各店の価格や営業情報は取材当時のものです。
* 一度に仕込む量も頻度も取材当時のものです。

目次

COLUMN

コントワール クアン

Comptoir Coin

東京・蔵前

オーナーシェフ

丸井裕介

1985年東京生まれ。大学卒業後、教員や土建業を経て、東日本大震災をきっかけに26歳で飲食の世界に。都内のイタリア料理店やワインバー、餃子店の工場立ち上げ、ベーカリーなどで多様な経験をした後、2015年に独立。2021年に店の近くにワインショップを開業。

東京都台東区蔵前4-8-9島宅1階　営業時間／19時〜（L.O.：22時頃）　定休日／不定休（SNSに記載）

真空包装機を駆使し、コンパクトな厨房ながら 50品超のアラカルトを実現するワインバー

　びっしりと2段組みで印字された、1枚のメニュー表。そこに載る50品を超えるアラカルトの数々と、目の前のコンパクトなキッチンとのギャップに、たいていのお客は驚くだろう。オーナーシェフの丸井裕介さんは、26歳で料理の世界に入り、多様な経験を積んだ後、2015年に土地勘のあった東京・蔵前で開業。自然派ワインが主役のワインバーとして、当初はニョッキや生ハムなど料理はわずか5品ほどだったが、「今度ハンバーグ食べたいな」、「オーブンがあるならピザ焼いてよ」といったお客のリクエストに応えるうちに、徐々にメニューが増えていった。特定の料理ジャンルは意識せず、「マルゲリータ」や「カルボナーラ」といったイタリアン定番のピザやパスタに加え、「たらこパスタ」や「ブルーチーズバーガー」、「和風ハンバーグ」などが並ぶ。

　「2口コンロに家庭用冷蔵庫。一般家庭のキッチン以下ですよ」と笑う手狭な厨房かつワンオペ営業で、これだけの数の料理が提供できるのは、スチームコンベク

ションオーブンや低温調理器、そして営業中もこまめに皿を洗える食器洗浄機の存在が大きいという。中でも丸井さんがフル活用するのが、真空包装機。トマトソースやミートソース、ジェノベーゼといったソース類、ハンバーグのタネ、盛合せに入れる野菜のラペやフルーツのマリネ、スープなどを余裕がある時に一気に仕込み、小分けにして真空包装して保存。営業中も封を切って使ったら、すぐに真空にかけて冷蔵庫に戻すなど、鮮度を保持しロスを防ぐ。

　飲食店での酒の提供が規制されたコロナ禍中には、「ワインを循環させたい」との思いから、ワインショップを開業。自然派ワインの卸業務の他、小売・物販と有料試飲を行なう。店から自転車で2分ほどの距離にあるため、仕込んだアイテムや食材のストックスペースにも活用している。「より効率的に仕込めるようになりましたが、うちの主役はあくまでワイン。3時間ほどかけてゆっくり楽しんでもらえたらうれしいですね」と話す。

1 厨房を囲む7席と壁に面した3席を合わせたカウンター10席ほど。左手奥にウォーターサーバーがあり、お客がセルフで注ぐスタイル。 2 わずか1坪強のコンパクトな厨房。 3 民家の1階をリノベーション。前職の経験を活かし、外装も内装もそのほとんどを自作した。 4・6 コロナ禍中に開業したワインショップ「酒室 Centoux」。自ら仕入れた自然派ワインを扱う他、ワイングッズの販売、グラスワインと簡単なつまみを提供する"角打ち"も行なう。 5 自然派ワインに出会い魅了された丸井さんだが、それまではワインに苦手意識があったそう。

仕込みのポイント

✓ 22時〜 のバータイムを利用して 仕込みのほとんどを行なう

19時オープンでほぼ1回転のため、22時頃には営業が落ち着くことが多い。その場合はワイン1杯から気軽に利用できるバータイムに移行。できる範囲の料理しか出さないため、この時間を使って仕込みを行なう。なお、約8時間かけて作る飴色タマネギや発酵時間が必要なパンなどは昼間に仕込む。

✓ ワインショップの ストックスペースを活用

家庭用冷蔵庫を使う同店。当然ながら保存できる量は限られるが、2021年にワインショップを開いたことで改善。店で仕込んだアイテムや食材をワインショップでストックできるようになり、一度に仕込める量が増えた。店から自転車で2分ほどの場所にあるため、「いざとなったら営業中でもワインや食材を取りに行ける」そう。

✓ 一度に大量に仕込み、 真空にかけて冷蔵・冷凍保存

開業時より真空包装機をフル活用する丸井さん。パスタのソースやハンバーグのタネ、スープ、盛合せに入れる野菜のラペなど、さまざまなものを一度に大量に仕込み、小分けにして真空保存している。その際、麺棒を使って薄くのばすのもポイント。かさばらずにストックでき、冷凍の場合は解凍時間も短く済む。

Data

［ 店舗面積 ］　7坪（うち厨房1坪強）
［ 席数 ］　　　カウンター10席
［ 客単価 ］　　7000 〜 8000円

Schedule
ある日のスケジュール

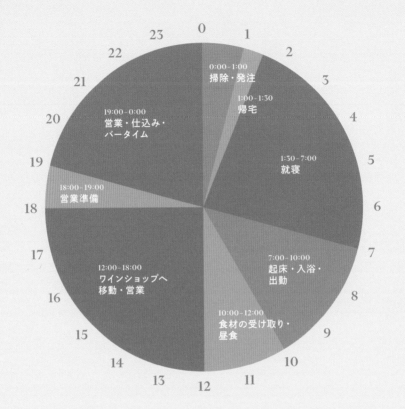

7:00–10:00
起床・入浴・出勤

起床後、自身がシャワーを浴びるタイミングで子供2人も風呂に入れる。Instagramの DM やメールのチェックをし、9時に子供を保育園に送る。豊洲市場から店に食材が届く場合は、10時頃までに店に向かう。配送がない場合は銀行まわりや備品の買い出しなどを済ませておく。

10:00–12:00
食材の受け取り・昼食

自宅から店までは自転車で10〜15分ほど。途中、店の近くの弁当屋で弁当を買い、11時頃に食べる。10時〜12時の間に食材が届くので、魚が届いたらすぐにおろし、必要に応じて冷凍保存する。当日使う野菜のカットなども、このタイミングで行なう。

12:00–18:00
ワインショップへ移動・営業

2021年6月に開業したワインショップ「酒室 Centoux」へ移動し、昼食後の休憩をとる。ワインショップは13時もしくは15時のオープン。ワインの卸業務をしながら、届いたワインをセラーに並べたり、販売を行なう。近所の場合は、自転車に乗って自ら配送も。角打ち営業がある日は、グラスワインと簡単なつまみを出す。18時きっかりに閉め、店に戻る。

18:00–19:00
営業準備

パスタ用の塩湯を寸胴鍋に沸かし、店内を掃除。埃がつかないよう、カトラリーは営業直前にセッティングする。

19:00–翌0:00
営業・仕込み・バータイム

1組の滞在時間は3時間ほどで、1回転がほとんど。22時頃に料理の提供が落ち着いたら、ワイン1杯から利用可能なバータイムに移行。この時間を利用して仕込みを行なう。食器やグラスを置くスペースが限られるため、ためずに随時洗浄する。

0:00–1:00
掃除・発注

閉店後は掃除をし、在庫確認と発注、翌日以降およそ1週間にすべき仕込みの確認をして、1時頃に帰宅。早く上がれる日は帰宅前に近所の店に飲みに行くことも。

1:00–1:30
帰宅・就寝

帰ったらすぐに着替え、布団に入ってスマホを見る。帰宅後わずか30分ほどで眠りにつく。

Comptoir Coin menu

Attenzione ！ （必読）

現金以外のお会計は1人当たり¥5,000以上から
店主1人の為サービスなし。お水はセルフです
当店はアラカルトです、コースはありません
食事の注文はなるべく1回にまとめて下さい
追加注文はタイミング逃しますと長時間頂きます
●は初回注文でも時間がかかるメニューです
とりあえず★を注文すればコースっぽくなります
各メニューストック薄の為、品切れが多発します
スリードリンク制（ボトルワイン注文除く）
基本的にグラス交換なし。グラスリンスは各自で

Aperitivo

京都丹波産手汲みスパークリング（小瓶）330ml	1,650yen
リュグ（フランス産オーガニックビール）330ml	1,650yen
リュグ（フランス産オーガニックビール）750ml	3,850yen
スコーネ地方ナチュラルシードル（大瓶）750ml	4,250yen
シャルドネを使ったオーガニックジュース330ml	1,320yen

Vino Naturale

本日のグラスワイン（ASK）	1,100yen
ボトルワイン（ASK）	6,000yen〜

Anti Pasto

★ 前菜の盛り合わせ（1人前）	1,430yen
ウフマヨ（卵と自家製マヨネーズ）	440yen
本日のスープ	650yen
鶏白レバーのムース（パン付き）	暫くお休み
フレンチフライ	1,210yen
ELEZO謹製 シャルキュトリー盛り合わせ	2,240yen
チーズの盛り合わせ	1,320yen
本日のカルパッチョ	1,540yen
本日の果実とブッラータチーズ	1,650yen
適当になにか	ASK
本日のパン	550yen

Primo Piatto di Pizza

マリナーラ（米チーズなし）	1,210yen
（オレガノ、アンチョビ、ニンニク、トマト）	
マルゲリータ	1,320yen
（トマト、バジル、モッツァレラ）	
ロマーナ	1,430yen
（オレガノ、アンチョビ、ニンニク、トマト、モッツァレラ）	
ビスマルク	1,650yen
（トマト、卵、ベーコン、モッツァレラ）	
ボスカイオーラ	1,650yen
（玉ねぎ、キノコ、ベーコン、クリーム、モッツァレラ）	
クアトロフォルマッジ	1,760yen
（タレッジオ、ゴルゴンゾーラ、エメンダール、モッツァレラ）	
プロシュート	1,870yen
（生ハム、卵、モッツァレラ）	
桜エビ	1,870yen
（桜エビ、塩、クリーム、モッツァレラ）	
★ 岩海苔と玉ねぎ	1,980yen
（岩海苔、玉ねぎ、クリーム、モッツァレラ）	
マヨコーン	1,980yen
（自家製マヨ、ベーコン、トウモロコシ、モッツァレラ）	
● シーフードミックス	2,380yen
（本日の魚介、クリームのトマト、モッツァレラ）	
ピッツァ・ディ・ジョルノ	ASK

Primo Piatto di Pasta

（※パスタオーダー別種が重なると時間がかかります）

ペペロンチーノ	1,210yen
ポモドーロ	1,320yen
たらこパスタ	1,650yen
オルトラーナ	1,650yen
白いミートソース	1,650yen
和風パスタ	1,760yen
アラビアータ	1,870yen
カルボナーラ	1,760yen
プッタネスカ	1,760yen
パスタエブルタッチェ	1,760yen
ボンゴレビアンコ	1,760yen
特製ナポリタン	1,870yen
カチョエペペ	1,870yen
ボンゴレロッソ	1,870yen
ボッタルガ	1,870yen
アマトリチャーナ	1,870yen
★ 海老のレモンクリーム	1,870yen
ボロネーゼ	1,980yen
鳥肌とジェノベーゼ	1,980yen
渡り蟹のトマトクリーム	1,980yen
イタリア産ポルチーニクリーム	2,090yen
● ペスカトーレ	2,380yen
本日のニョッキ	ASK
本日のリゾット	ASK
米粉パスタ（グルテンフリー）	ASK
パスタディジョルノ	ASK

Second Piatto

★ Coinの自家製ハンバーグ（和風 or 洋風）	2,090yen
Cise謹製バンズのブルーチーズバーガー	2,530yen
トカジキのソテー	3,080yen
鹿児島 黒毛和牛サンカク	3,740yen
● 沖縄 今帰仁アグーの肩ロース	暫くお休み
本日のセコンド（魚 or 肉）	ASK

Dolce

★ ネネ　フロマージュブラン＊プリンのような〜	660yen
本日のドルチェ	ASK

Digestivo

アマーロ	1,100yen
マデラ	1,210yen
ジン	1,320yen
リモンチェッロ	1,320yen
ミード	1,320yen
グラッパ	1,430yen
フレンチラム	1,540yen
パスティス	1,540yen
ヴェルモット	1,650yen
メスカル	1,760yen
ウイスキー	1,900yen
アルマニャック	2,420yen
気化酒	＋300yen

Coffee

★ 三筋「蕎木」珀　深煎り	780yen

Grazie per essere venuti al negozio in una situazione difficile , Per favore fai con calma.*　　__ yusuke marui

Menu

メニューについて

種類豊富なピザやパスタを中心に
50品を超えるアラカルトを用意

前菜10品、ピザ12品、パスタ25品、セコンド5品、ドルチェ2品ほど。定番を中心に、その日にある食材を使った「本日のカルパッチョ」や「本日のセコンド」の他、即興的に作る「適当になにか」などユニークなメニューも。

ビーツとグラニースミス、桃の冷製スープ

〈 材料 〉
リンゴ
（グラニースミス。小）…4個
ビーツ（大）…1個
モモ…1個
バター…30g
生クリーム
（乳脂肪分47%）…150g
牛乳…300g
塩…5g
レモン…1個

週1回

〈 作り方 〉
① リンゴを半割にして芯を抜く。くり抜いた部分にバターをのせてキビ砂糖をふる（ともに分量外）。
② ①とビーツを180℃・コンビモードのスチコンで焼く。リンゴは40分間程度、ビーツは40〜60分間ほど。モモを湯むきし、種を取って乱切りにする。
③ 鍋に②とバター、生クリーム、牛乳、塩を入れて火にかける。バターが溶け、牛乳の香りがとんだら火を止め、削ったレモンの皮と果汁を加える。
④ ミキサーで撹拌し、ペースト状になったら漉す。氷水に当てて急冷し、300〜400gずつに小分けして袋に入れて真空にかける。なお、使う際は袋からバットに移し（写真）、必要分を使ったら再度真空にかけて冷蔵庫で保存する。

ゴーヤの和風マリネ

週1回

〈 材料 〉
ゴーヤ（緑）…2本
ゴーヤ（白）…1本
無敵ソース（15頁）…45g
白ゴマ…適量
カツオ節…適量

〈 作り方 〉
① ゴーヤを縦に半割にし、ワタを取って5mm厚にカットする。
② さっとゆで、氷水にとる。
③ 余分な水分をふき取り、無敵ソース、白ゴマ、カツオ節で和える。袋に入れて真空にかけ、冷蔵庫で保存する。

タマネギのタルト

週2〜3回

〈 材料 〉
パート・ブリゼ*…190g
卵液…適量
アパレイユ
　飴色タマネギ*…200g
　生クリーム
　（乳脂肪分47%）…100g
　牛乳…60g
　塩…2g
　黒コショウ…少量
　ナツメグ…少量
パルミジャーノ（粉末）…適量

*パート・ブリゼ　中力粉400gと強力粉100g、小さく切ったバターをミキサーで撹拌し、塩を加える。卵黄2個分に水120gを加えた卵水を少量ずつ加え混ぜ、5つに分けて丸く成形して冷凍したもの。使う際は1つ取り出して前夜に冷蔵庫に入れ、解凍しておく

*飴色タマネギ　寸胴鍋にタマネギのせん切りをたっぷり入れ、少量の油と塩を加えてじっくり8時間かけて炒め煮にしたもの。袋に入れて真空冷凍しており、使う際は前夜に冷蔵庫に入れて解凍しておく

〈 作り方 〉
① パート・ブリゼを麺棒でのばし、直径19cmのタルト型に敷く。生地は型よりやや大きめにのばし、余ったまわりの生地は内側に折りたたむ。
② 生地の底面にフォークで均等に穴をあけ、重しをして180℃・コンビモードのスチコンで25分間ほど焼き、重しをはずして5分間焼く。
③ 生地の内側に卵液をぬり、材料を合わせたアパレイユを流して、パルミジャーノをふる。
④ 180℃・コンビモードのスチコンで25分間ほど焼く。
⑤ そのまま冷まし、皿にのせてラップ紙で包んで冷蔵庫で保存する。1日ねかせて提供する。

ニンジンのレムラード

週2回

〈 材料 〉
ニンジン…3〜4本
塩…適量
マヨネーズ（15頁）…45g
マスタードシード…30g
レモン…1個

〈 作り方 〉
① ニンジンの皮をむいてスライサーでせん切りにし、塩をまぶす。出てきた水分を捨てる。
② マヨネーズとマスタードシード、削ったレモンの皮と果汁で和え、袋に入れて真空にかけて冷蔵保存する。

紫キャベツのラペ

〈 材料 〉
紫キャベツ(大) …1玉
塩…適量
ヴィネグレット*…50g

*ヴィネグレット　E.V.オリーブオイル400g、レモン1個分の果汁、白ワインヴィネガー35g、赤ワインヴィネガー35g、ハチミツ20g、塩8g、フェンネルパウダー7g、オレガノ1g弱をブレンダーで撹拌したもの

〈 作り方 〉
❶ 紫キャベツをスライサーでせん切りにし、塩をまぶす。出てきた水分を捨てる。
❷ ヴィネグレットで和え、袋に入れて真空にかけて冷蔵保存する。

週2回

半熟卵

〈 材料 〉
卵(L) …10〜15個

〈 作り方 〉
❶ 沸騰したお湯に冷蔵庫から出したての卵を入れ、6分45秒間ゆでる。
❷ お湯から引き上げて氷水に浸けて冷やし、冷蔵庫で保存する。なお、お湯は営業終了間際のパスタ用の塩湯(塩分濃度1.2%)を活用している。

週2〜3回

チーズソース

〈 材料 〉
ゴルゴンゾーラ…600g
タレッジョ…500g

〈 作り方 〉
❶ 2種類のチーズを合わせてミキサーにかける。ゴルゴンゾーラの皮が硬い場合は取り除く。
❷ 袋に入れて真空にかけ、冷蔵庫で保存する。

週1〜2回

週2〜3回

バルサミコソース

〈 材料 〉
バルサミコ…500㎖
水…2.5ℓ

〈 作り方 〉
❶ フライパンにバルサミコを入れ、強火にかけて煮詰める。
❷ 濃度が出てきたら水500㎖を加えて、さらに煮詰める。煮詰めては水を足す作業を計5回行ない、角がとれて濃縮した状態とする。仕上がりは250㎖ほど。

2週間に
1回

万願寺とうがらしとナス、タマネギのオムレツ

〈 材料 〉
万願寺トウガラシ…5本　　エメンタール(シュレッド)…100g
ナス…1本　　　　　　　　トリュフオイル…10g
タマネギ…1個　　　　　　全卵…4個
生地　　　　　　　　　　　塩…3g
　生クリーム　　　　　　　黒コショウ…1g
　(乳脂肪分47%)…100g　エメンタール(シュレッド)…適量

〈 作り方 〉
❶ 万願寺トウガラシとナス、タマネギを粗みじん切りにし、油を敷いたフライパンで炒める。
❷ 生地の材料をすべて合わせ、①を加え混ぜる。
❸ 温めたミルクパンに油を塗り、②を流してエメンタールで覆う。180℃・コンビモードのスチコンで35分間焼く。
❹ そのまま冷まし、皿にのせてラップ紙で包んで冷蔵庫で保存する。1日ねかせて提供する。

ミートソース

〈 材料 〉
肉の端材*…4kg
トマト…2個
タマネギ…4個
ニンジン…3本
セロリ…1束
塩…少量
白ワイン…500g
水…適量

＊肉の端材 営業で出
た牛や豚、羊肉の端材
を集めて使っている

月1〜2回

〈 作り方 〉
❶ 肉の端材をミンサーにかけたり包丁で切り、ゴロゴロと
した肉の食感が味わえるミンチにする。
❷ 適宜皮をむいて小角に切ったトマトとタマネギ、ニンジ
ン、セロリを油を敷いたフライパンで炒める。塩を加え、
ある程度炒めたら取り出す。
❸ 同じフライパンで①を炒める。しっかりと焼き色がつい
たら、②の香味野菜を戻し入れ、白ワインを注ぐ。
❹ 水をひたひたになるくらいまで注いで塩を加え、1時間
半〜2時間煮詰める。
❺ 氷水に当てて冷まし、200gずつ小分けして袋に入れて
真空にかける。冷凍庫で保存する。

ジェノベーゼ

〈 材料 〉
バジル…30g
パルミジャーノ…50g
松の実のロースト…20g
E.V. オリーブオイル…120g
塩…4g
ニンニク…1g

2週間に
1回

〈 作り方 〉
材料をすべてミキサーにかけ
る。袋に入れて真空にかけ、
冷凍保存する。

トマトソース

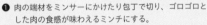

〈 材料 〉
ホールトマト…2.5kg
オリーブオイル…30g
ニンニク
（みじん切り）…2〜3片
タイム…3本
ローリエ…1枚
塩…2g
キビ砂糖…1g

週1回

〈 作り方 〉
❶ 鍋にオリーブオイル、ニンニクのみじん切り、タイム、ロー
リエを入れて火にかけ、ニンニクが軽く色づいたらホール
トマトを加える。
❷ 1時間ほど弱火で煮込み、塩とキビ砂糖を加えて中火にし、
適度な濃度まで煮詰める。
❸ ミキサーにかけて漉し、氷水に当てて冷やす。冷めたら袋
に入れて真空にかけ、冷凍保存する。

週2回

ピザ生地

〈 材料 〉
（8玉分）
中力粉…360g
強力粉…360g
ドライイースト…4g
塩…16g
ぬるま湯…560g

〈 作り方 〉
❶ 中力粉と強力粉を合わせ、ドライイーストと塩を加え
て軽く混ぜる。
❷ ぬるま湯を加えて手でこねる。生地をひとまとめにし、
5分間やすませる。
❸ 再度生地をこね、ひとまとめにして5分間やすませる。
❹ 生地を150〜160gずつに分け、丸く成形する。
❺ バットに並べてラップ紙をかけて、冷蔵庫で保存する。
前夜に仕込み、発酵したものを翌日以降に使う。

マヨネーズ

〈 材料 〉
油*…200g
ディジョンマスタード…85g
パルミジャーノ（粉末）…10g
白ワイン…15g
卵黄…3個分
白ワインヴィネガー…3g
アンチョビー（フィレ）…10g
＊油　オリーブオイルとコメ油を同割したもの

〈 作り方 〉
❶ 材料をすべて合わせてブレンダーで撹拌し、乳化して白っぽくなったら漉す。
❷ バットに移して冷蔵庫で冷やし、ディスペンサーに入れて冷蔵保存する。

週2回

ハンバーグの
タネ

月1～2回

〈 材料 〉
牛の腿肉…2kg
牛の粗挽き肉…2kg
牛の背脂…500g
生クリーム
（乳脂肪分47%）…200g
牛乳…200g
ブランデー…30g
飴色タマネギ…400g
パン粉…200g
全卵…10個
塩…64g

〈 作り方 〉
❶ 牛の腿肉は包丁で細かく切り、牛の背脂はミンサーにかける。
❷ 生クリームと牛乳、ブランデーを合わせ、①と他の材料を加える。よく混ぜ合わせる。
❸ 200～220gに分けて袋に入れ、真空にかけて冷凍保存する。

週1回

無敵ソース

〈 材料 〉
リンゴ…2個　　　ミリン…800g
タマネギ…2個　　酒…700g
ショウガ…1個　　濃口醤油…50g
ニンニク…1個

〈 作り方 〉
❶ リンゴは皮をむいて芯をくり抜き、ざく切りにする。タマネギは皮をむいてざく切りにする。ショウガは皮をむく。ニンニクは皮をむいて半割にし、中の芽を取り除く。
❷ ①をミキサーにかける。触感が残るよう粗めにし、シノワで漉す。液体は辛みとえぐみが強いので捨てる。
❸ ミリンと酒を合わせて煮きり、1ℓ程度になるまで煮詰める。濃口醤油を加える。
❹ ②と③を合わせて袋に入れて真空にかけ、冷蔵庫で保存する。

営業中の作業時間を少しでも短縮できるよう、セルバチコなどの葉物野菜は営業前にちぎって袋に入れておく。

パイナップルの
マリネ

〈 材料 〉
パイナップル…1個
岩塩…2g
キビ砂糖…2g
ディタ（ライチリキュール）
…大さじ3

〈 作り方 〉
❶ ボウルに一口大にカットしたパイナップルと岩塩、キビ砂糖を入れて和える。
❷ ディタを加えてマリネし、袋に入れて真空にかける。冷蔵庫で保存する。

季節のスープも真空にかけて冷蔵保存。
提供ごとに真空にかけることで劣化とロスを防ぐ

ビーツとグラニースミス、桃の冷製スープ

〈 材料 〉
ビーツとグラニースミス、桃の冷製スープ(12頁)…90㎖
粗挽き黒コショウ…適量
ミントの葉…適量
E.V. オリーブオイル…適量

〈 作り方 〉
❶ ビーツとグラニースミス、桃の冷製スープをバットに移し、レードルですくって器に盛る。
❷ 粗挽き黒コショウをふってミントの葉を飾り、E.V. オリーブオイルをまわしかける。

仕込み
アイテム

ビーツとグラニースミス、
桃の冷製スープ

ウフマヨ

〈 材料 〉
マヨネーズ(15頁)…適量
半熟卵(13頁)…1個
黒コショウ…適量
岩塩…適量
ピマンデスペレット…適量

〈 作り方 〉
❶ すべり止め用のマヨネーズを皿の中央に少量絞り出し、その上に殻をむいた半熟卵を盛る。
❷ マヨネーズをたっぷりとかけ、きざんだ黒コショウ、岩塩、ピマンデスペレットをふる。

仕込み
アイテム

マヨネーズ　　半熟卵

2色のゴーヤを"無敵ソース"で和えて真空パック。
ノンジャンルのスピードメニュー

ゴーヤの和風マリネ

〈 材料 〉
ゴーヤの和風マリネ(12頁)…適量

〈 作り方 〉
ゴーヤの和風マリネを袋から出し、皿に盛る。

仕込み
アイテム

ゴーヤの和風マリネ

前菜の盛り合わせ

〈 材料 〉

タマネギのタルト(12頁) …1/16カット
万願寺とうがらしとナス、
タマネギのオムレツ(13頁) …1/16カット
セルバチコ…適量
バルサミコソース(13頁) …適量
パイナップルのマリネ(15頁)
…2〜3カット
マッシュルーム…2〜3個

紫キャベツのラペ(13頁)
…適量
ニンジンのレムラード(12頁)
…適量
生ハムのスライス…1枚
E.V. オリーブオイル…適量
粗挽き黒コショウ…適量

〈 作り方 〉

❶ タマネギのタルトと万願寺とうがらしとナス、タマ
ネギのオムレツをカットし、180℃・コンビモード
のスチコンで5分間ほど温める。

❷ セルバチコをバルサミコソースで和え、パイナップ
ルのマリネと合わせる。

❸ ①と②、スライスしたマッシュルーム、紫キャベツ
のラペ、ニンジンのレムラード、生ハムのスライス
を皿に盛り合わせる。E.V. オリーブオイルをまわし
かけ、粗挽き黒コショウをふる。

仕込み
アイテム

タマネギの
タルト

万願寺とうがらしとナス、
タマネギのオムレツ

バルサミコ
ソース

パイナップルの
マリネ

紫キャベツの
ラペ

ニンジンの
レムラード

チーズソースのニョッキ

仕込み
アイテム

〈 材料 〉

ニョッキ(冷凍)*…8個
生クリーム(乳脂肪分47%)…80g
チーズソース(13頁)…40g
E.V. オリーブオイル…適量
パルミジャーノ(粉末)…適量
粗挽き黒コショウ…適量

＊ニョッキ(冷凍)　40分間ゆ
でて皮をむいてつぶしたジャガ
イモ1kg、中力粉225g、パルミ
ジャーノ(粉末)93g、オリーブ
オイル50gを混ぜ、12gずつ分
けて丸めて冷凍したもの

〈 作り方 〉

❶ ニョッキ(冷凍)を塩湯で5分間ほどゆでる。
❷ フライパンに生クリームとチーズソースを
　合わせて火にかけ、①を入れて和える。
❸ 皿に盛り、E.V. オリーブオイルをまわしか
　け、パルミジャーノ(粉末)と粗挽き黒コ
　ショウをふる。

チーズソース

2種類のチーズを使った濃厚でパンチの強いソースは、
ニョッキの他、ハンバーガーやピザにも活用

スチコンを使ったピザは、ガスコンロの直火で底面を、
バーナーで耳を焼き、カリッと香ばしく仕上げるのがポイント

岩海苔と玉ねぎのピザ

〈 材料 〉
ピザ生地(14頁) …1玉
岩ノリ…大さじ1
生クリーム(乳脂肪分47%) …20㎖
タマネギのせん切り…1/4個分
モッツァレラ…10g
パルミジャーノ(粉末) …少量
E.V. オリーブオイル…適量

〈 作り方 〉
❶ 打ち粉をしながらピザ生地を直径22㎝ほどに手でのばす。
❷ 岩ノリと生クリームを混ぜたものを①に塗り、タマネギの
　せん切りとモッツァレラ、パルミジャーノをのせて、E.V. オ
　リーブオイルをかける。
❸ 250℃・コンビモードのスチコンで5分間焼く。
❹ ガスコンロに網をのせ、その上に③を置いて直火で底面を
　カリッと香ばしく焼き、耳をバーナーで焼く。
❺ ピザカッターで切り分け、皿に盛る。

仕込み
アイテム

ピザ生地

ピザ生地を仕込んでおけば、ワインにぴったりの揚げパン
"ニョッコ・フリット"にも簡単アレンジ

ニョッコ・フリット

〈 材料 〉
ピザ生地(14頁)…1玉
生ハムのスライス…3〜4枚
ロディジャーノチーズ…適量
粗挽き黒コショウ…適量
E.V. オリーブオイル…適量

〈 作り方 〉
❶ 打ち粉をしながらピザ生地を直径22cmほどに麺
　棒でのばし、包丁で4×4の16分割にカットする。
❷ 180℃のオリーブオイルで適宜返しながら①を揚
　げる。生地が膨らみ、香ばしい焼き色がついたら
　引き上げ、油をきる。
❸ 皿に盛り、生ハムのスライスをのせ、削ったロディ
　ジャーノチーズを散らす。粗挽き黒コショウをふ
　り、E.V. オリーブオイルをかける。

仕込み
アイテム

ピザ生地

袋ごと湯煎で温めた2種類のソースで
麺を和えれば完成。レストランの味の"レトルトパスタ"

ボロネーゼ

〈 材料 〉
パスタ(リングイネ) …100g
ミートソース(14頁) …200g
トマトソース(14頁) …90g
塩…適量
パルミジャーノ(粉末) …適量

〈 作り方 〉
❶ パスタを塩湯で12分間ゆでる。
❷ ミートソースとトマトソースを袋ごと湯煎で温める。
❸ ②をフライパンに出して火にかけ、塩で調味する。
　ゆで上がった①を入れて和える。
❹ ③を皿に盛り、パルミジャーノをふる。

仕込み
アイテム

ミートソース

トマトソース

トロカジキのソテー

〈 材料 〉
カジキ*…1袋(300〜350g)
塩…適量
無敵ソース(15頁)…30㎖
薬味*…適量
ジェノベーゼ(14頁)…適量
ミニトマト…1個

＊カジキ　ブロックで仕入れたカジキ
を300〜350gずつに切り分け、袋に
入れて真空にかけ、冷凍したもの
＊薬味　オオバとミョウガのせん切り
を営業前に合わせておいたもの

〈 作り方 〉
❶ カジキを袋ごとお湯に浸けて解凍しておく(60分ほど)。
❷ 袋から出して水分をふき取り、塩をふる。再度水分が出
てくるようならふき取り、打ち粉をする。
❸ 熱したグリルパンに油を敷き、②を焼く。全面に香ばし
い焼き目をつける。
❹ 180℃・コンビモードのスチコンで5分間焼く。金串を
刺して中まで火が入っているようならオーブンから出し
て皿に盛る。
❺ カジキの上から無敵ソースをかけ、薬味をのせる。ジェ
ノベーゼを流し、半割にしたミニトマトを添える。

仕込み
アイテム

無敵ソース

ジェノベーゼ

常備ソースを揃えておけば、
"味変"用に複数のソースを流すのも簡単

Cise謹製バンズのブルーチーズバーガー

〈 材料 〉

ハンバーグのタネ(15頁)
…1袋(200〜220g)
チーズソース(13頁)…40g
モッツァレラ…適量
バンズ*…1枚
卵…1個
マッシュルームのスライス…適量
粗挽き黒コショウ…適量
E.V. オリーブオイル…適量

＊バンズ　東京・根津のパン店「Cise」
から仕入れたもの

〈 作り方 〉

① ハンバーグのタネを袋ごと水に浸けて解凍しておく(10分ほど)。
② 袋から出して成形し、油を敷いた鉄製のフライパンで焼く。ハンバーグをひっくり返し、焼き面にチーズソースとモッツァレラをのせる。
③ フライパンごと180℃・コンビモードのスチコンに入れて15分間焼く。バンズを適宜スチコンに入れて温める。
④ ハンバーグを別の器に移し、残ったフライパンに卵を落として焼く。
⑤ 皿に③のバンズを置き、マッシュルームのスライスを敷いて④のハンバーグを重ね、④の焼いた卵をのせる。卵に粗挽き黒コショウとE.V. オリーブオイルをかけてバンズで挟み、楊枝を刺して固定する。

仕込み
アイテム

ハンバーグのタネ　　チーズソース

ナイフを入れると肉汁が溢れるハンバーグは、コクのあるソースを
その場で仕上げる「洋風」と、常備する"無敵ソース"を使った「和風」を用意

Coinの自家製ハンバーグ（洋風）

〈 材料 〉

ハンバーグのタネ (15頁)
…1袋 (200〜220g)
ソース
　ブランデー…30g
　生クリーム (乳脂肪分47%) …30g
　トマトケチャップ…30g
　バルサミコソース (13頁) …10g
　ディジョンマスタード…5g
　濃口醤油…5g
半熟卵 (13頁) …1個
ローストポテト*…適量
＊ローストポテト　皮ごと乱切りにし
たジャガイモに塩とコショウ、ニンニク、
オレガノ、タイム、多めのオリーブオイ
ルをふって180℃・コンビモードのスチ
コンで1時間ほど焼いたもの

〈 作り方 〉

❶ ハンバーグのタネを袋ごと水に浸けて解凍してお
　く (10分ほど)。
❷ 袋から出して成形し、油を敷いた鉄製のフライパン
　で焼き、両面に焼き色をつける。
❸ フライパンごと180℃・コンビモードのスチコン
　に入れて15分間焼く。
❹ ハンバーグを皿に盛り、残ったフライパンにソー
　スの材料を入れて煮詰める。
❺ 殻をむいた半熟卵をハンバーグの上にのせ、楊枝
　を刺して固定する。ローストポテトを添え、❹の
　ソースを半熟卵の上からたっぷりと流す。

仕込み
アイテム

ハンバーグのタネ

バルサミコ
ソース

半熟卵

冷凍保存

　おまかせコースのみの店と違い、当日にならないとどの料理が注文される
かわからないのが、アラカルトの店の難しさ。事前に仕込んだアイテムや食
材を冷凍保存し、必要量を解凍して使えば、食材を無駄にすることなく、メ
ニューを充実させることができる。もちろん、その食材が安く手に入る時に
まとめて仕込んで冷凍すれば、原価を下げることも可能だ。

　本書で登場する店も冷凍ストックを有効活用。肉や魚介を仕入れたら、す
ぐに冷凍保存するのは「中華 汀」。1皿分ずつ小分けにして冷凍することで、
ひと目で在庫の数がわかり、発注作業も楽だという。また、ゆでた豚バラ肉
のスライスを皿にきれいに並べて冷凍するところまでを仕込んでおき、注文
が入ったらそのまま蒸籠で蒸し上げる「雲白肉」など、冷凍による時短も実現
している。同じく中華の「心の月」は、豚の挽き肉を醤で炒めた肉味噌を冷凍。
麻婆豆腐と麻婆茄子に活用し、こちらも時短に役立てている。パート・ブ
リックの包み揚げやコロッケなど、仕込み段階で火を通したアイテムを冷凍
保存するのは、「ビストロ ラ コケット」。仕上げの際に、中が生焼けになる
心配がないのがメリットだ。「ボート」では、イカスミソースを製氷皿で冷凍。
使いやすいダイス状にすることで、大きく冷凍したものをカットする際の包
丁やまな板、手を洗う手間が省ける。なお、冷凍保存する場所が小さければ、
当然だが仕込める量も限られる。ワンオペだからこそ、ストックスペースは
充実させたい。

ビストロ ラ コケット
Bistro La Coquette

福岡・高砂

オーナーシェフ
大櫃 菜津子

1984年福岡県生まれ。製菓学校を卒業後、福岡のパティスリーで5年間ほど勤務。2009年に料理人への方向転換をめざして渡仏し、ビストロを中心に2年間修業。2011年に帰国して「ラ・ターブル・ド・プロヴァンス」（福岡）に7年間勤務。2018年3月に独立。

福岡県福岡市中央区高砂1―12―17

☎092―523―9277

営業時間／17時〜23時（フードL.O.：21時）　定休日／不定休

走ることが大好きな女性シェフが作るのは
ストレートにおいしく、元気になれる料理

オーナーシェフの大櫃菜津子さんは、25歳でパティシエから料理人に転身をはかり、まずはフランスのビストロなどで2年間修業。その後、福岡のフランス料理店で7年間働いて技術を身につけ、2018年に地元で開業した。

走ることが日課で、最近ではトライアスロンにも挑戦している大櫃さんは、自由にスケジュールを組みやすいワンオペ営業を前提に、店の規模やレイアウトを決定。自身が好きだという定番のビストロ料理を中心に、アラカルト40品ほどを揃える。大櫃さんは、今も年に一度はフランスを旅し、各地のビストロを巡って現地の味を体験しているという根っからのビストロ好き。しかし、あえてフレンチ色を前面には出さず、メニューには「キャビア・ドーベルジーヌ」を「ナスのピューレ」と書くなど、料理に詳しくなくとも味や見た目をイメージしやすいよう意識。結果として注文時の説明の手間が省け、営業もスムーズになったという。

開業時よりアラカルトのみだが、冷前菜・温前菜・メインと一通り注文し、ワインをボトルで楽しむお客が大半。最初に必ず1品はオーダーしてもらえるよう、盛るだけで提供できる冷前菜を14〜15品ほど揃えるなどして、2〜3時間で食事が終わるスピーディな提供を実現している。またパート・ブリックの包み揚げやコロッケなどは、仕込みの段階で具材に火を通しておくことで、生焼けになるリスクを回避。注文が入ったら生地や衣で包んでカリッと揚げ、できたて熱々を提供する。一方で、野菜やフルーツ、一部の塊肉などは鮮度を保つために営業中にその場でカット。また一番人気の「スフレ風オムレツとトリュフ」は仕込みをいっさいせず、注文ごとに一から作る料理で、ライブ感ある雰囲気作りにも一役買っている存在だ。仕込みが9割のアイテムと、一からその場で作る料理を組み合わせ、テンポのよいもてなしを実現している。

1 カウンターを店の中央に配置。ゲストの着席時もその後ろでお客がすれ違える程度の幅を設けた。 2 カウンターの奥には2人がけのテーブルが2卓。 3「80歳まで店に立ち続けたい」という大櫃さん。そのテキパキとした動きと笑顔が店を一層活気づけている。 4 厨房は一直線上にすべての機器を配置した無駄のないレイアウト。火口はガスコンロ5口に台下オーブンを備える。 5 元歯科医院の物件改装時に契約したため、設計時から希望を反映できたという。福岡・高砂は、個人オーナーが営む飲食店やショップのほか、事務所や住居が混在するエリア。

仕込みのポイント

✓ 営業前の3時間に集中して仕込み、休日とのメリハリをつける

自分次第でプライベートを充実させやすいのもワンオペ営業のメリット。マラソンや旅行が趣味の大櫃さんも、店の定休日はフルに休んで自身の時間に充てるべく、2～3日先を予測しながら柔軟に仕込む。営業前の3時間に休憩もとらず、全神経を集中して仕込みを進める。なお、不定休だが月に8日を目安に定休日を設け、事前にInstagramで告知している。

✓ 「仕込みが9割」の冷前菜に力を入れる

注文後、盛りつけるだけでさっと出せる冷前菜は、ワンオペ営業ではとくに力を入れたいところ。パテやハムなどの加工肉、ニンジンと紫キャベツのラペ、イワシのマリネといった冷前菜を14品前後揃えており、ゲストのほぼすべてが何かしらの冷前菜を注文する。「前菜の盛り合わせ」も揚げ物などは組み込まず、冷菜のみでバラエティ豊かにまとめている。

✓ 下処理済＆1人前ずつ個包装した肉や魚をうまく活用

すべてを一から自分で行なうのではなく、業者が下処理をしたものや良質な市販品をうまく取り入れることが、時間の短縮につながる。同店でもアジフライ用のアジは三枚におろしたフィレを、馬肉のタルタルは1皿分90gに個包装されたものを仕入れている。

Data

[店舗面積]	10坪（うち厨房4坪）
[席数]	カウンター8席、テーブル4席
[客単価]	9000円

Schedule
ある日のスケジュール

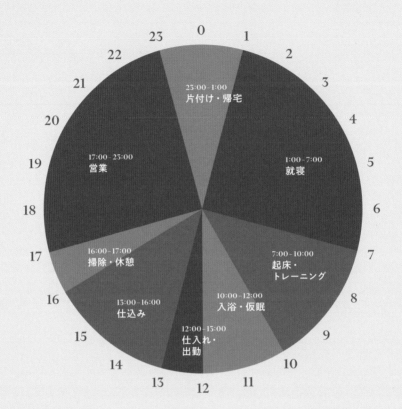

23：00-1：00
片付け・帰宅

1：00-7：00
就寝

17：00-25：00
営業

7：00-10：00
起床・
トレーニング

16：00-17：00
掃除・休憩

10：00-12：00
入浴・仮眠

13：00-16：00
仕込み

12：00-15：00
仕入れ・
出勤

7：00-10：00
起床・トレーニング

起床後、適度な水分をとったのち8時から2時間ほどトレーニング。マラソンやトライアスロンの大会に出場するのがライフワークで、そのために毎日ランニングの時間をとって鍛えている。休日には福岡から久留米まで40kmほど走ることも。最近ピラティスもはじめた。

10：00-12：00
入浴・仮眠

トレーニング後はシャワーを浴びて、仮眠をとる。

12：00-13：00
仕入れ・出勤

自転車で出勤。こまごまとした買い物を済ませながら店に向かい、13時には店に着く。

13：00-16：00
仕込み

段取りを決めて書き出した前日のメモに従い、到着後すぐに仕込みをスタート。冷やさないと当日に提供できないデザートからはじめ、他は減り具合をみて必要なものを仕込む。休憩はせず、集中して3時間で終わらせる。

16：00-17：00
掃除・休憩

営業直前の掃除をして、ゆっくりする。営業中は、体力的にも精神的にもエネルギーを使うので直前にしっかり休む時間をとっている。

17：00-23：00
営業

開業当初から、営業スタートは17時。た

だし予約で満席になることも多く、1組目の予約が18時の場合は営業も18時スタートになり、出勤・仕込みのスタートも1時間後にずらす。料理は21時がラストオーダー。遅くても22時には料理の提供を終え、できるところから片付けを進める。すべてのゲストを23時には見送る。

23：00-翌1：00
片付け・帰宅・就寝

軽めのまかないをつまみながら、残った片付けを終わらせる。冷蔵庫・冷凍庫のストックを確認し、翌日の仕込みの段取り、業者への発注、買い物リストをメモに書き出してから帰宅する。帰宅後に食事はしない。遅くても1時には就寝。

お飲みもの

・泡おぼん太人　¥300　パン代、原料とらフェにております

・スパークリング　　　グラス ¥950
　　　　　　　　　　　ボトル ¥5400
　　　　　　　　　　　ロゼ ボトル ¥6000

・シャンパーニュ　　　ボトル ¥11000〜

・ワイン　　　　　　　グラス ¥880〜
　　　　　　　　　　　ボトル ¥4100〜
　　　　　　　　　　　ハーフボトル ¥2900

・アサヒスーパードライ ¥600
・キリン ハートランド ¥600
・角ハイボール ¥630
・カクテル（ワインベース）¥980
・ノンアルコールスパークリング ¥900
・ノンアルコールビール ¥580
・ヴィッテル ミネラルウォーター ¥660
・ウーロン茶、炭酸レモンジュース、ジンジャーエール、ペリエ　¥600
　オレンジジュース、コカコーラ

前菜

・前菜の盛り合わせ　　1人前 ¥1700
・パテ ド カンパーニュ　¥950
・自家製ロースハムとルッコラのサラダ ¥1400
・馬肉のタルタル 温泉卵のソース ¥2500
・バイヨンヌの生ハムとメロン ¥1600
・ホタテのカルパッチョ パッションフルーツソース ¥1500
・イワシのマリネとトマト ¥1500
・根セロリのマヨネーズサラダ ¥900
・タコと夏野菜 クスクスのサラダ ¥1400
・アボカドと自家製ツナマヨ ¥1300
・無花果とアンティーブンチーズのサラダ ¥1400
・トレヴィス、ゆで卵、アンチョビマヨネーズサラダ ¥1300
・人参と紫キャベツのラペ ¥800
・ラタトゥイユ ¥800
　　　温かい前菜
・スフレ風オムレツとトリュフ ¥2600
・桃とブルーチーズのオーブン焼き ¥1600
・とうもろこしとじゃが芋ピューレのブリック焼き ¥1400
・万願寺とうがらしのフリット チリパウダー ¥1300

メインディッシュ お魚

・モンサンミッシェル産ムール貝の白ワイン蒸し とフレンチフライ ¥3300
・アジフライとナスのピューレソース入 ¥2100
・サーモンソテー トマトソース ¥2900
・オマールエビのカダイフ揚げ タルタルソース ¥3300

　　メインディッシュ お肉

・フォアグラと無花果のソテー 赤ワインソース ¥3600
・かも胸肉のソテー バルサミコ酢ブルーベリーソース ¥2600
・豚ヒレ肉のソテー 西洋わさびのソース ¥1900
・骨付豚ロースのマスタードパン粉焼き ¥1900
・とりもも肉のスパイス焼き ¥2100
・ラム肉のハンバーグ ブルーチーズソース ¥2900
・ラムチョップ 粒マスタードソース ¥3500
・トリッパのトマト煮込み ¥2300
・とんとろとベーコン、じゃが芋のテリーヌ ¥1900
・牛ハツのグリエ サラダ仕立て ¥2200
・アンガス牛のステーキとフレンチフライ ¥2900

Menu
メニューについて

月替わりの単品メニューは、皿の主役が明快なビストロ料理

冷前菜14〜15品、温前菜4品、魚や肉のメイン15品、デザート4品ほどを用意。うち半数近くが定番で、ソースや付合せで変化をつける。他は旬の食材を取り入れたり、冬は煮込みやグラタンを提供するなど季節感を出す。

デザート

・プリン ¥650
・クリームブリュレ ¥800
・パンナコッタ 木苺のコンポート
・ブルーベリーのグラタン ¥900

・コーヒー ¥450
・紅茶 ¥450
・カルヴァドス（りんごのブランデー）¥900
・マール（ぶどうのブランデー）¥900
・ソーテルヌ（デザートワイン）¥900

4〜5日に
1回

パテ ド カンパーニュ

〈 材料 〉
（320mm×155mm×63mmの蓋付きバット1台分）

豚の粗挽き肉…1.5kg
豚の肩ロース肉（塊）…500g
タマネギ…2個
鶏レバーとハツ
（つながった状態で仕入れる）
…合わせて500g

パン粉…2つかみ
全卵…4個
塩…20g
粗挽き黒コショウ…10g

〈 作り方 〉
❶ 豚の肩ロース肉を1cm角に、タマネギをみじん切りにする。
❷ 鶏レバーとハツは筋や血の塊を掃除する。ハツは平たく切り開く。
❸ フライパンにサラダ油を敷いて中火にかけ、②を加えて炒めて塩（分量外）で調味する。ザルに上げて油分と水分をきり、包丁で叩いて粗みじんにする。
❹ ①と豚の粗挽き肉、③、パン粉、全卵、塩、粗挽き黒コショウをボウルに入れて手で混ぜる。よくこねて粘りを出す。
❺ ④の少量をラップ紙で包み、レンジで熱して味見し、必要に応じて味をととのえる。
❻ バットにクッキングペーパーを敷き込み、⑤を全量入れる。上から押さえて詰め、蓋をする。
❼ 湯煎にかけて、180℃のオーブンで2時間〜2時間半焼く。オーブンから取り出し、重しをして粗熱をとる。バットに入れたまま冷蔵庫で保存する。なお、残り少なくなってきたら、バットから出して真空にかけて冷蔵保存する。

紫キャベツのラペ

〈 材料 〉
紫キャベツ…1kg
マリネ液
　白ワインヴィネガー…150mℓ
　マスタード…大さじ3
　塩…35g
　粗挽き白コショウ…適量
　E.V. オリーブオイル…適量

4〜5日に
1回

〈 作り方 〉
❶ 紫キャベツをせん切りにする。
❷ マリネ液の材料をよく混ぜ合わせる。
❸ ①を②で和えて密閉容器に入れ、冷蔵庫で保存する。

人参のラペ

4〜5日に
1回

〈 材料 〉
ニンジン…1kg
マリネ液
　白ワインヴィネガー…150mℓ
　粒マスタード…大さじ3
　塩…35g
　粗挽き白コショウ…適量
　E.V. オリーブオイル…適量

〈 作り方 〉
❶ ニンジンの皮をむいてスライサーでせん切りにする。
❷ マリネ液の材料をよく混ぜ合わせる。
❸ ①を②で和えて密閉容器に入れ、冷蔵庫で保存する。

自家製ロースハム

〈 材料 〉
豚の肩ロース肉（約500gの塊）…6個
塩…肉の重量の2.2%
粗挽き白コショウ…適量

〈 作り方 〉
❶ 豚の肩ロース肉に、塩と粗挽き白コショウをムラなくまぶす。
❷ ラップ紙で包み、ビニール袋に入れて冷蔵庫で1日マリネする。
❸ しみ出した水分をふきとり、糸で縛って1個ずつ袋に入れて真空にかける。
❹ 75℃の湯煎で1時間半加熱する。
❺ 粗熱をとり、袋のまま冷蔵庫で保存する。

2〜3日に
1回

根セロリの
マヨネーズサラダ

〈 材料 〉

根セロリ…1個
塩…10g
白ワインヴィネガー…大さじ1
マスタード…大さじ1
マヨネーズ(36頁)…大さじ5

〈 作り方 〉

❶ 根セロリの皮をむいてせん切りにする。
❷ 塩で和えてしばらくおき、出てきた水気をきる。
❸ 白ワインヴィネガー、マスタード、マヨネーズを混ぜ合わせる。
❹ ②を③で和えて密閉容器に入れ、冷蔵庫で保存する。

4〜5日に
1回

週2回

自家製ツナ

〈 材料 〉

マグロ(赤身・サク)…約360g
塩…適量
粗挽き白コショウ…適量
オリーブオイル…適量
ニンニク…6片

〈 作り方 〉

❶ マグロの厚みを揃えて約60gずつに切り分ける。
❷ 塩、粗挽き白コショウ、オリーブオイル、ニンニクとともに袋に入れ、真空にかける。
❸ 65℃の湯煎で10分間加熱する。粗熱をとり、冷蔵庫で保存する。

3日に1回

ラタトゥイユ

〈 材料 〉

ナス…2本　　　　　塩…適量
ズッキーニ…2本　　粗挽き黒コショウ…適量
パプリカ(赤)…2個　ホールトマト…400g
タマネギ…2個

〈 作り方 〉

❶ ナス、ズッキーニ、パプリカ、タマネギを乱切りにする。
❷ 鍋にオリーブオイルを敷いて中火にかけ、①を炒める。塩と粗挽き黒コショウで味をととのえる。
❸ ホールトマトを加え、とろみがつくまで煮詰める。
❹ 粗熱がとれたら密閉容器に入れ、冷蔵庫で保存する。

2日に1回

イワシのマリネ

〈 材料 〉

イワシ…10尾　　　　　マリネ液(数字は割合)
白ワイン…適量　　　　　グラニュー糖…1
塩…適量　　　　　　　　白ワインヴィネガー…2
粗挽き白コショウ…適量

〈 作り方 〉

❶ イワシを三枚におろしてフィレにし、白ワインで洗う。ペーパータオルで水気をふきとり、塩と粗挽き白コショウをふって30分ほどおく。
❷ グラニュー糖と白ワインヴィネガーを合わせてマリネ液とする。
❸ イワシが浸る程度の量の②を密閉容器に注ぎ、①を浸ける。ラップ紙をかけて冷蔵庫で保存する。

毎日

温泉卵

〈 材料 〉

卵…5個

〈 作り方 〉

❶ 鍋に湯を沸かし、卵を入れる。火からおろして10分半おく。
❷ 粗熱をとり、卵の紙パックに入れて冷蔵庫で保存する。

35

豚足と牛ミンチの
コロッケのタネ

10日に1回

〈 材料 〉

豚足…10本
白ワイン…200g
水…適量
ジャガイモ（男爵）…1kg

牛の挽肉…200g
塩…適量
粗挽き黒コショウ…適量
ナツメグ…適量

〈 作り方 〉

❶ 豚足をゆで、毛をバーナーで焼ききる。白ワインと豚足が浸る量の水とともに鍋に入れて火にかける。半日ほど弱火で煮込み、とろとろになったら火からおろす。

❷ ゆで汁から引き上げて水気をふきとり、切り開いて骨を除く。バットに平らに広げていったん冷蔵庫で冷やす。冷えて固まったら1cm角に切り分ける。

❸ ジャガイモを皮付きのままゆで、柔らかくなるまで火を通す。皮をむいてつぶす。

❹ フライパンを熱し、牛の挽肉を炒める。塩、粗挽き黒コショウ、ナツメグで味をととのえる。

❺ ❷、❸、❹をボウルに入れてよく混ぜ合わせる。

❻ 150gずつに分割し、丸めて成形してラップ紙で包む。冷凍庫で保存する。

マヨネーズ

毎日

〈 材料 〉

卵黄…1個
マスタード…15g
サラダ油…200mℓ
塩…適量
粗挽き白コショウ…適量

〈 作り方 〉

サラダ油以外の材料を混ぜ、そこにサラダ油を加えながら撹拌し乳化させる。

ナスの
ピューレソース

3日に1回

〈 材料 〉

長ナス…6本
タマネギ…2個
塩…2つまみ

〈 作り方 〉

❶ 長ナスの皮をむき、1cm角に切る。タマネギをみじん切りにする。

❷ 鍋にオリーブオイルを入れて中火にかけ、①のタマネギをしんなりするまで炒める。

❸ 長ナスと塩を加え、さらに炒める。長ナスからしみ出た水分が煮詰まり、全体にとろりとした感じになったら火からおろす。粗熱をとり、密閉容器に移して冷蔵庫で保存する。

「アジフライ」用のアジは鮮魚店から三枚おろし済のフィレで仕入れる。小骨をとり、1皿分3枚を重ねてラップ紙で包み、冷蔵庫で保存。

2日に1回

タルタルソース

〈 材料 〉

卵…6個
マスタード…大さじ1
タマネギの酢漬け（37頁）…大さじ1
マヨネーズ（36頁）…100g

〈 作り方 〉

❶ 卵を固ゆでにし、殻をむいて細かくきざむ。

❷ ①とその他の材料をよく混ぜ合わせて密閉容器に入れ、冷蔵庫で保存する。

タマネギの
酢漬け

毎日

〈 材料 〉
タマネギ…1個
白ワインヴィネガー…適量

〈 作り方 〉
❶ タマネギをみじん切りにする。
❷ 密閉容器に移し、タマネギが浸
　る量の白ワインヴィネガーを加
　える。冷蔵庫で保存する。

桃の
コンポート

2日に1回

〈 材料 〉
白桃…10個
シロップ
　水…1ℓ
　白ワイン…500㎖
　グラニュー糖…300g

〈 作り方 〉
❶ シロップの材料をすべて合わせて火にかけ、
　グラニュー糖を溶かす。
❷ 白桃を湯むきし、①に加えて煮る。串を刺し
　て、すっと通るくらいの柔らかさになったら
　火からおろす。煮汁ごと密閉容器に移して粗
　熱をとる。冷蔵庫で保存する。

3日に1回

タコと夏野菜 クスクスのサラダ

〈 材料 〉
タコの脚…1本	白ワインヴィネガー…100㎖
タマネギ…1個	クスクス…100g
キュウリ…2本	湯…100g
パプリカ(赤)…2個	塩…適量
ニンニク…1片	粗挽き白コショウ…適量

〈 作り方 〉
❶ タコの脚を麺棒で叩き、塩揉みする。ぬめりを水で
　洗い流し、75℃の湯に入れて6分ほど加熱する。ザ
　ルに上げ、冷めたら食べやすい大きさに切り分ける。
❷ タマネギ、キュウリ、パプリカを1cm角に切る。
　ニンニクをみじん切りにする。
❸ ②に白ワインヴィネガーを加えて30分ほどマリネ
　する。水気をきる。
❹ クスクスに同量の湯を加え混ぜ、ラップ紙で覆い、
　しばらくおいて蒸す。
❺ ①、③、④を混ぜ合わせ、塩と粗挽き白コショウで
　味をととのえる。密閉容器に入れ、冷蔵庫で保存する。

じゃが芋ピューレ

3日に1回

〈 材料 〉
ジャガイモ(メークイン)…5個
牛乳…500g
塩…小さじ1

〈 作り方 〉
❶ ジャガイモの皮をむき、乱切りにする。
❷ 牛乳と①、塩を鍋に入れて弱火にかける。ジャガイモが煮崩れ
　るくらいまで火を通す。
❸ フード・プロセッサーにかけてピューレにする。粗熱をとり、大
　さじ3を目安に小分けにしてパート・ブリックの幅に合わせて
　形を整え、ラップ紙で包む。密閉容器に入れ、冷蔵庫で保存する。

毎日

プリン

〈 材料 〉
（直径15cmの丸型1台分）

カラメルソース	グラニュー糖…110g
グラニュー糖…60g	牛乳…400㎖
水…20㎖	生クリーム
全卵…4個	（乳脂肪分36%）…50㎖
卵黄…3個	ラム酒　小さじ1

〈 作り方 〉

❶ グラニュー糖と水を鍋に入れて火にかけ、カラメルソースを作る。型に流し入れて冷ます。

❷ 全卵と卵黄、グラニュー糖をムラなく混ぜ合わせる。

❸ 牛乳と生クリームを火にかけて沸騰させる。

❹ ②に③を少しずつ加え、その都度混ぜる。泡だてないようにムラなく混ぜ合わせる。ラム酒を加え混ぜて、漉す。

❺ ①の型に④を流し入れ、150℃のオーブンで2時間ほど湯煎焼きする。粗熱をとり、ラップ紙をかけて冷蔵庫で保存する。

週1回

とんとろとベーコン、じゃが芋のテリーヌ

〈 材料 〉
（140㎜×70㎜の蓋付きテリーヌ型1台分）

豚トロ…3枚	ベーコンスライス…10枚
塩…適量	全卵…1個
粗挽き黒コショウ…適量	生クリーム
ジャガイモ	（乳脂肪分36%）…100㎖
（メークイン）…2個	

〈 作り方 〉

❶ フライパンにサラダ油を熱し、豚トロをソテーする。塩、粗挽き黒コショウで味をととのえる。

❷ ジャガイモを皮付きのままゆで、柔らかくなるまで火を通す。粗熱をとり、皮をむく。

❸ テリーヌ型にベーコンを敷き詰める。その際、ベーコンは横向きに並べて両側にはみ出すようにする。

❹ 全卵と生クリームをよく混ぜ合わせる。

❺ ②のジャガイモを適宜切り分けて、③のベーコンの上に敷き詰める。ジャガイモの上に①の豚トロを並べる。具材を重ねる際、④のアパレイユをつなぎとして各層の間に流し入れる。この作業をくり返す。

❻ 型の外にはみ出させておいたベーコンを、⑤の上に巻きつけるように両側から重ねる。

❼ 蓋をして、100℃のオーブンで1時間ほど湯煎焼きにする。

❽ オーブンから出し、蓋をとって重しをして粗熱をとる。型に入れたまま冷蔵庫で保存する。

とうもろこし

〈 材料 〉
トウモロコシ…適量
塩…適量

〈 作り方 〉

❶ トウモロコシを皮ごと塩湯でゆでて火を通す。

❷ 皮を除いて粗熱をとる。半分に切り分けてラップ紙で包み、冷蔵庫で保存する。

3日に1回

ラム肉の ハンバーグの タネ

週1回

〈 材料 〉
ラムの肩肉（塊）
…1.5kg
タマネギ…3個
全卵…3個
塩…25g
パン粉…1つかみ

〈 作り方 〉

❶ ラムの肩肉を包丁で粗いミンチにする。

❷ タマネギをみじん切りにし、塩（分量外）をふってしんなりするまで炒め、冷ます。

❸ ①と②、他のすべての材料をボウルに入れ、よく混ぜる。こねて粘りを出す。

❹ 200gに分割し、丸めてラップ紙で包む。冷凍庫で保存する。

「馬肉のタルタル」用の馬肉はカット済みの生肉を1人前90gの真空個包装で仕入れる。1パックずつ開封して使いきるので、衛生面も安心。

アボカドと自家製ツナマヨ

〈 材料 〉

アボカド…1個
フルール・ド・セル…適量
ドレッシング*…適量
自家製ツナ(35頁)…60g
タマネギの酢漬け(37頁)…小さじ1/2
マヨネーズ(36頁)…小さじ1
E.V. オリーブオイル…適量
粗挽き黒コショウ…適量

＊ドレッシング　白ワインヴィネガーと同量のE.V. オリーブオイ
ル、適量の塩を混ぜ合わせたもの

〈 作り方 〉

❶ アボカドを2等分し、種を除いて皮をむく。断面を上にし
て皿に盛る。
❷ フルール・ド・セルとドレッシングをふる。
❸ 自家製ツナを袋から取り出してボウルに移し、スプーンで
粗くほぐす。タマネギの酢漬けとマヨネーズを加えて混ぜる。
❹ ②のアボカドの種があった部分に③を盛る。E.V. オリーブ
オイルをまわしかけ、粗挽き黒コショウをふる。

仕込み
アイテム

自家製ツナ

タマネギの酢漬け

マヨネーズ

3つの仕込みアイテムを合わせた
自家製ツナマヨをたっぷりのせて

仕込み
アイテム

馬肉

馬肉のタルタル
温泉卵のソース

〈 材料 〉

馬肉(38頁)…90g
タマネギの酢漬け(37頁)…小さじ1
マスタード…小さじ1
イタリアンパセリ(みじん切り)…1つまみ
E.V. オリーブオイル…適量
塩…適量
粗挽き白コショウ…適量
温泉卵(35頁)…1個
フルール・ド・セル…適量
粗挽き黒コショウ…適量

タマネギの酢漬け

温泉卵

〈 作り方 〉

❶ 直径9cmのセルクルを皿の中央に置く。
❷ 馬肉を袋から取り出し、キッチンペーパーで軽く血をふき取ってボ
ウルに入れる。
❸ ②にタマネギの酢漬けとマスタード、イタリアンパセリ、E.V. オリー
ブオイルを加えて混ぜ合わせる。塩と粗挽き白コショウで味をとと
のえる。
❹ ③を①のセルクルに詰めて表面を平らにならす。中央にくぼみを作る。
❺ 温泉卵をボウルに割り入れ、④のくぼみにのせる。
❻ タルタルの上にE.V. オリーブオイルをまわしかけ、温泉卵の上にフ
ルール・ド・セルと粗挽き黒コショウをふる。

真空個包装で仕入れる馬肉を使用。
ソース代わりの温泉卵とよく混ぜて

仕込んでおいた冷前菜のみを盛り込んだ
スピードメニューは、ワンオペ営業の強い味方

前菜の盛り合わせ

〈 材料 〉

人参のラペ（34頁）…30g
紫キャベツのラペ（34頁）…30g
根セロリの
マヨネーズサラダ（35頁）…30g
ラタトゥイユ（35頁）…40g
タコと夏野菜
クスクスのサラダ（37頁）…30g
ミニトマト…2個
イワシのマリネ（35頁）…フィレ1枚
ルッコラの葉…4枚
パテ ド カンパーニュ（34頁）…40g
自家製ロースハム（34頁）…1枚
E.V. オリーブオイル…適量
イタリアンパセリ（みじん切り）…適量
マスタード…小さじ1

〈 作り方 〉

❶ 人参のラペ、紫キャベツのラペ、根セロ
リのマヨネーズサラダ、ラタトゥイユ、
タコと夏野菜 クスクスのサラダをそれ
ぞれ皿に盛る。

❷ ミニトマトを半分に切り、タコと夏野菜
クスクスのサラダの横に盛る。イワシの
マリネを2等分し、ミニトマトにのせる。

❸ ルッコラの葉を皿の中央に盛る。

❹ パテ ド カンパーニュを厚さ3cmに切り、
2等分する。厚さ3mmに切った自家製ロー
スハムとともに❸の上に盛る。

❺ E.V. オリーブオイルをイワシのマリネに
かけ、イタリアンパセリをタコとイワシ
の上に散らす。マスタードを添える。な
お、写真は2人前。

仕込み
アイテム

人参のラペ

紫キャベツのラペ

根セロリの
マヨネーズサラダ

ラタトゥイユ

タコと夏野菜
クスクスのサラダ

イワシのマリネ

パテ ド
カンパーニュ

自家製
ロースハム

とうもろこしとじゃが芋ピューレの
ブリック焼き

〈 材料 〉
パート・ブリック…1枚
じゃが芋ピューレ（37頁）…大さじ3
とうもろこし（38頁）…1/2本分
パルミジャーノ…適量

〈 作り方 〉
❶ パート・ブリックを広げ、中央にじゃが芋ピューレをのせる。
❷ とうもろこしの身をまとめてナイフで切り落とし、①のじゃが芋ピューレの上にのせる。四方から包む。
❸ フライパンにオリーブオイルを熱し、閉じ目を下にして②を置く。焼き色がついたら面を返して両面に焼き色をつける。次いで、トングを使って側面にも焼き色をつける。
❹ キッチンペーパーで表面の油をふき取り、皿に盛る。パルミジャーノをたっぷりとふる。

仕込み
アイテム

じゃが芋ピューレ　　とうもろこし

熱々で提供する温前菜も、仕込み時点で
具材に火が通っているので安心＆スピーディー

デザートで使う桃のコンポートは、
ブルーチーズと合わせればワインを呼ぶつまみにも

桃とブルーチーズのオーブン焼

〈 材料 〉

桃のコンポート（37頁）…1個
ブルーチーズ
（フルム・ダンベール）…35g
生クリーム（乳脂肪分36%）…適量
粗挽き黒コショウ…適量

〈 作り方 〉

❶ 桃のコンポートの種を除いて8等分のくし切りにする。

❷ グラタン皿に①を並べ、ブルーチーズを手でちぎって散らす。

❸ 生クリームを全体が浸る程度に流し、250℃のオーブンで6分間ほど焼く。粗挽き黒コショウをふる。

仕込み
アイテム

桃のコンポート

とんとろとベーコン、
じゃが芋のテリーヌ

〈 材料 〉

とんとろとベーコン、
じゃが芋のテリーヌ（38頁）…適量
ルッコラの葉…5〜6枚
ドレッシング…適量
粗挽き黒コショウ…適量

〈 作り方 〉

❶ とんとろとベーコン、じゃが芋のテリーヌを型から出し、
　厚さ4cmほどに切る。

❷ ステンレス皿にのせ、250℃のオーブンで数分間温める。
　ルッコラの葉とともに皿に盛る。

❸ ルッコラにドレッシングをかけ、粗挽き黒コショウをふる。

仕込み
アイテム

とんとろとベーコン、
じゃが芋のテリーヌ

アジフライと
ナスのピューレソース

〈 材料 〉

アジ(36頁)…3枚
フルール・ド・セル…適量
粗挽き白コショウ…適量
衣*…適量

パン粉…適量
ナスのピューレソース(36頁)…90g
イタリアンパセリ(みじん切り)…1つまみ
＊衣 薄力粉を水で溶いたもの

〈 作り方 〉

❶ アジの皮を除き、フルール・ド・セルと粗挽き白コショウで調味する。衣にくぐらせ、パン粉をまぶす。
❷ フライパンに揚げ油を熱し、①を色よく揚げる。キッチンペーパーの上にとり、油をきる。
❸ ナスのピューレソースを冷たいまま皿の中央に盛り、丸く広げる。
❹ ②を③の上に盛り、イタリアンパセリを散らす。

仕込み
アイテム

アジ

ナスのピューレ
ソース

スフレ風オムレツと
トリュフ

〈 材料 〉
マッシュルーム…1個
卵…2個
塩…1つまみ
粗挽き白コショウ…適量
パルミジャーノ…25g
生クリーム(乳脂肪分36%)…200g
トリュフ…適量
フルール・ド・セル…適量

〈 作り方 〉
❶ マッシュルームをスライスする。
❷ 卵をボウルに割り入れて溶きほぐす。塩、粗挽き白コショウ、パルミジャーノ、生クリーム、①を加えてよく混ぜる。
❸ ミニココットに②を流し入れ、250℃のオーブンで15分間ほど焼く。大きく膨らんだらオーブンから出し、皿に置く。
❹ 焼いている間にトリュフをスライスする。
❺ ③にフルール・ド・セルを散らし、④をのせて提供する。

注文ごとに焼くオムレツは、ふわふわの食感と
焼き立ての香りがビストロらしいライブ感を演出

オマールエビの
カダイフ揚げ
タルタルソース

〈 材料 〉
オマールエビ(小)…1尾
塩…適量
粗挽き白コショウ…適量
カダイフ…適量
タルタルソース(36頁)…100g
イタリアンパセリ(みじん切り)…1つまみ

〈 作り方 〉
❶ オマールエビを縦に2等分し、背ワタを除く。塩と粗挽き白コショウで調味する。
❷ カダイフを広げ、①を1切れずつのせてくるくると巻く。
❸ フライパンに、②が半分浸かる程度の揚げ油を熱し、②を入れる。ほどよく色づいたら返し、全面をこんがりと揚げる。キッチンペーパーの上にとり、油をきる。
❹ タルタルソースを皿に丸く広げ、③を盛る。イタリアンパセリを散らす。

タルタルソース

仕込み
アイテム

プリン

〈 材料 〉
プリン(38頁) … 1台

〈 作り方 〉
プリンを型から出して皿に盛る。なお、写真
はホールサイズ。1人前は、型に入ったまま
6等分にカットして皿に盛る。

仕込み
アイテム

プリン

クラシックスタイルのプリンは
冷やす時間が必要なため、毎日真っ先に仕込む

加熱済みのタネを使うことで、
生焼けの心配もなく揚げたてを提供

豚足と牛ミンチの
コロッケ

〈 材料 〉
豚足と牛ミンチの
コロッケのタネ(36頁) …1個
衣…適量
パン粉…適量
トレヴィス…適量
ドレッシング…適量
イタリアンパセリ
(みじん切り) …適量
粗挽き黒コショウ…小さじ1
粒マスタード…適量

仕込み
アイテム

豚足と牛ミンチの
コロッケのタネ

〈 作り方 〉
❶ 豚足と牛ミンチのコロッケのタネは、営業前に
　解凍して冷蔵庫に入れておく。
❷ ①を衣にくぐらせ、パン粉を付けて揚げ油で揚げ
　る。途中で1回返して全体をこんがりと揚げ
　る。キッチンペーパーの上にとり、油をきる。
❸ トレヴィスをザク切りにして皿に盛り、ドレッ
　シングをかける。
❹ ②を③の上に盛り、イタリアンパセリを散らす。
　粗挽き黒コショウをふり、粒マスタードを添え
　て提供する。

ラム肉のハンバーグ ブルーチーズソース

〈 材料 〉

ラム肉のハンバーグのタネ(38頁)
…1個(200g)
生クリーム(乳脂肪分36%)…150㎖
ブルーチーズ
（フルム・ダンベール）…35g
フライドポテト
（冷凍。フランス産）…140g
フルール・ド・セル…適量
粗挽き白コショウ…適量

〈 作り方 〉

❶ ラム肉のハンバーグのタネは、営業前に解凍して冷蔵庫に入れておく。

❷ フライパンにサラダ油を熱し、①を焼く。両面が色よく焼けたら火からおろす。

❸ ②をステンレス皿にのせて250℃のオーブンで8分間焼いて火を通す。

❹ 生クリームとブルーチーズを小鍋に入れて火にかけ、沸騰させて煮詰める。

❺ フライドポテトを揚げ油で揚げる。

❻ ③のハンバーグを皿に盛って④のソースを上からかけ、⑤のフライドポテトを添える。フルール・ド・セルと粗挽き白コショウをふる。

仕込み
アイテム

ラム肉のハンバーグの
タネ

真空包装

食品は空気に触れると表面が乾燥し、酸化する。袋の中の空気を抜くことで食品の鮮度・品質を保ち、長期保存を可能にするのが真空包装機だ。一度に大量に仕込んで真空し、冷蔵・冷凍保存することで作業効率を上げられる真空包装機は、ワンオペ営業の強い味方と言えよう。

本書で登場する店の中でも、とくに真空包装機をフル活用していたのは、1坪強というコンパクトな厨房で50品超のアラカルトを揃える「コントワール クアン」。トマトソースやミートソース、ジェノベーゼといったソース類、ハンバーグのタネ、前菜盛合せに入れる野菜のラペやフルーツのマリネ、スープなどを時間がある時に一気に仕込み、小分けにして真空包装してストック。肉も真空したまま低温調理で火を入れることで、調理中につきっきりになる必要がなく、提供のタイミングも調整しやすいという。「ボート」では、加熱調理する魚は仕入れたらすぐに掃除し、1オーダー分ずつ真空冷凍。その際、基本となる1皿2人分のパックに加え、その半分の1人分のパックも用意し、組み合わせることで、3人客の注文にも対応している。なお、密閉容器やバット、鍋での保存に比べてスペースをとらないのも真空包装の大きなメリット。できるだけ薄く平らにすると、庫内でかさばらず、冷凍の場合は解凍時間も短くて済む。

一口に真空包装機と言っても多くの種類があり、価格や脱気力、専用袋のランニングコストなどもさまざま。目的や頻度によって選びたい。

中華 汀

東京・江戸川橋

オーナーシェフ
江崎祐弥

1988年佐賀県生まれ。福岡で中国料理店を
営む両親の影響もあり、高校の調理科へ進学。
卒業後は東京・四谷三丁目の「峨嵋山」で7年
間働き、25歳で「神楽坂芝蘭」へ。30歳で料
理長を務め、2021年6月に独立開業。

1

伝統的な四川料理の技術をベースに、昼夜ともに多彩なメニューをラインナップ

夜は回鍋肉や酢豚、麻婆豆腐などの定番料理を筆頭に、塩スダチや発酵サクランボといった自家製の発酵食品を使った個性豊かな料理がずらり。酒肴にぴったりの冷前菜や点心、麺飯やデザートを含めたメニュー数は、実に60品近くに及ぶ。加えて昼も8品前後のランチセットを用意。昼夜ともにワンオペ営業とは思えない多彩な品揃えが、「中華 汀」の魅力の一つだ。

両親が福岡で中国料理店を経営していたことから、高校の調理科に入る頃には中国料理を志していたという、オーナーシェフの江崎祐弥さん。高校卒業後は父親の紹介で東京・四谷三丁目の「峨嵋山」に入って7年間修業。「神楽坂芝蘭」では30歳で料理長を務め、2021年6月に念願の独立を果たした。

「ワンオペでできる料理を優先するのではなく、あくまで自分がやりたい料理を作る」のが江崎さんのスタンス。その上で、食材を無駄にせず、かつスムーズに提供するための工夫を重ねてきた。例えば「雲白肉」は当初は豚バラ肉のスライスを注文ごとにボイルしていたが、日によるオーダーのバラつきが激しかったことから、工程を再考。ゆでた豚バラ肉のスライスを皿にきれいに並べた状態で冷凍し、注文が入ったらスープを張って蒸籠で蒸す今のスタイルに。また肉と魚介は保存性を高めるために油に浸けるなどさまざまな方法を試したが、毎日状態を確認する手間も考慮し、仕入れたらすぐに小分けして冷凍保存するように。1皿分ずつストックすることで在庫確認がしやすくなり、発注作業もスムーズになったという。この他、よだれ鶏やバンバンジーに使う蒸し鶏を、ランチの「鶏そば」に活用するなど昼夜で仕込みアイテムを重複させたり、夜の冷菜が残った時はランチの小鉢に使ったり。「もちろん今の方法が完成形ではなく、いろいろ試しながら、よりよいやり方を常に探っています」と江崎さんは話す。

営業時間／11時30分〜14時（L.O.：13時30分）、17時45分〜21時（L.O.：20時）　定休日／不定休

1 以前はカフェだったというカジュアルな雰囲気の店内は、壁の色を白く塗ってダクトを付けたくらいで、ほとんど手を加えていない。具体的に探しはじめた、まさにその日に公開された物件で、内見した際に「営業するイメージができた」ことから即決した。　**2** カウンターに面した横長の厨房は約3坪。「ワンオペには充分な広さで、ストレスなく働けています」。　**3** 穏やかな人柄の江崎さんは、当初から閑静な住宅街での開業を希望。土地勘のあった現在地で独立を果たした。　**4** 東京メトロ・江戸川橋駅から徒歩8分、神楽坂駅からは徒歩11分ほどの早大通り沿いにある。

仕込みのポイント

☑ 肉や魚介は1皿分ずつ小分けし、ラップ紙で包んで冷凍しておく

肉や魚介は、仕入れたらすぐに1皿で使用する100〜120gずつに小分けしてラップ紙で包み、冷凍保存。注文ごとに流水や電子レンジで解凍して使用する。冷凍する際はできるだけ薄く平らにすることで、冷凍庫内でかさばらず、解凍時間も短く済む。

☑ 仕込みさえしておけば提供後は楽ができる「火鍋」を予約メニューに

3日前までに要予約の「火鍋」をオンメニュー。火鍋用に野菜やキノコ類を仕入れて皿に盛りつけ、つけダレを用意するなど、事前の準備は必要だが、「出してしまえばあとはお客さんまかせなので、営業中は楽ができます」。とは言え、けっして火鍋を売りにしたいわけではないため、積極的には宣伝せず、店のメニューに載せるのみ。冬で週1回ほどの注文が入るそう。

☑ 発酵させることで食材を無駄にすることなく、風味豊かな調味料に

例えば、一度に食材を大量にもらうなどして使いきれない時には、発酵の技術を用いることも。塩漬けや塩水漬けにすることで、無駄にすることなく、長期保存が可能となる。これらを自家製の発酵調味料として料理に使い、他では出せない奥深い味わいを表現している。

Data

［店舗面積］	10.3坪（うち厨房3坪）
［席数］	カウンター5席、テーブル8席
［客単価］	昼1000円、夜4000円〜5000円

Schedule
ある日のスケジュール

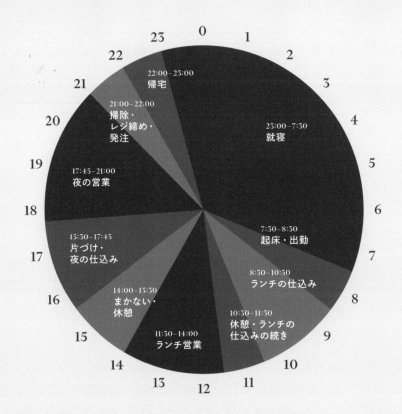

7:30 – 8:30
起床・出勤

起床後はシャワーを浴び、身支度をして8時20分頃に家を出る。店は自宅から徒歩5分ほど。

8:30 – 10:30
ランチの仕込み

店に着いたら鶏がらスープをとり、当日分の米を炊く。炊飯器が1つしかないため、炊けたら丼に移すなどして、6合×3回の18合分を炊き、電子レンジで温めながら使う。ランチ用の小鉢を20食分盛りつけておく。

10:30 – 11:30
休憩・ランチの仕込みの続き

2時間ほど仕込みをしたら、コーヒーを淹れて30分ほど休憩。11時になったらランチ用のスープを作り、11時半に昼の営業をスタート。

11:30 – 14:00
ランチ営業

昼は2.5～3回転、30～40人ほどの来客がある。ランチタイムのみパート1名を雇い、配膳とレジを担当。江崎さんは料理に集中する。

14:00 – 15:30
まかない・休憩

ランチが終わったらパートと一緒にまかないをとる。ここでパートは退勤し、江崎さんは休憩に入る。

15:30 – 17:45
片づけ・夜の仕込み

夜の仕込みをしつつ、片づけとテーブルセッティングを行ない、営業に備える。火鍋の予約が入っている場合はコンロや鍋、食材を用意しておく。

17:45 – 21:00
夜の営業

予約客が大半だが、ふらっと1人で訪れてカウンターで食事を楽しむ常連客も。L.O. は20時。閉店時間の21時前から様子をみて片づけをはじめる。

21:00 – 22:00
掃除・レジ締め・発注

営業が終了したら洗い物と掃除をし、レジ締めと食材の発注を行なって22時頃に帰宅。

22:00 – 23:00
帰宅・就寝

コンビニで食べ物を買い、自宅で軽く晩酌。飲みに行く日もあるが、基本は翌日に備えて23時頃に就寝する。

POINT

3日前までに要予約の火鍋。準備さえしておけば、営業中の手間は少なくて済む

火鍋

内容

・2種鍋スープ（麻辣、豆乳）
・鶏、牛、ラム、豚
・野菜
・キノコ類
・海鮮

・麺または白飯

<u>3日前までの予約にて承ります。</u>
1人前3500円（2人前～）

おすすめ

・前菜5種盛り合わせ（人数分のご注文でお願いします）2人前～2400円
（よだれ鶏、押し豆腐和え物、下記1～3）

・1牛スネ　ニンニク辛しソース	1000円
・2冷やし冬瓜　干しエビの香り煮びたし	800円
・3ムキエビ　甫蜜漬け	800円
・牛すじ　サンラー煮込み	1400円
・牛バラノス　ニンニクの芽の唐辛子醤油炒め	1600円
・豚バラと万願寺唐辛子のホイコーロー	1400円
・挽肉と青唐辛子入り発酵トウモロコシの卵炒め	1200円
・ムキ大海老　塩スダチの塩炒め	1600円
・ムキ大海老とゆばの干しエビ、干し肉の強火炊き	1800円
・スルメイカと空芯菜のトウチー醤油炒め	1800円
・インゲンと茄子、挽肉　中国漬物強火炒め	1200円
・空芯菜強火塩炒め	1100円
・ズッキーニのフリット　山椒塩	700円
・やきそば（中国たまり醤油の炒め焼きそば）	1100円
・唐辛子と野菜の発酵漬物、冷製サンラーそうめん	1200円
・冷やし豆乳担々麺	1200円
・蒸し鶏、胡瓜、冷製麻辣和えそば	1200円
・マンゴーアイス	40
・自家製鹹梅湯	5
（台湾、夏の夏バテ防止、梅ジュース）	

POINT

「おすすめ」は季節の素材を使う他、「その時の気分」により随時入れ替える

POINT

冷前菜は日持ちのするものが中心。出ない場合はランチの小鉢にすることも

POINT

中国酒も充実。産地や熟成年数の異なるさまざまな種類をグラスで提供

Menu
メニューについて

昼は8種前後のランチセットを、夜は60品近くの単品を用意

「定番」と「おすすめ」で構成する夜のメニューは計60品弱。酒が進む前菜から、餃子や春巻きなどの点心、海鮮や野菜、肉を使った主菜、担々麺やチャーハンなどの麺飯、食後のデザートまで、1人営業とは思えない数だ。

自家製
発酵漬物

〈 材料 〉
ニンジン…2本
ダイコン…1/2本
キャベツ…1/4個
パプリカ…2個
コリンキ…1個
塩水(塩分濃度4%)
…1.5〜2ℓ
砂糖…1つまみ
白酒…大さじ1/2
山椒…3〜4粒

〈 作り方 〉
❶ 野菜は適宜に皮をむいて切る。
❷ 煮沸消毒した容器に①と塩水、砂糖、白酒、山椒を入れ、常温において乳酸発酵させる(4〜7日後に使用可能)。なお、数日のうちに使う分は密閉容器に移し、冷蔵庫で保存する。

3ヵ月に1回

発酵トウモロコシ

〈 材料 〉
トウモロコシ粉(粗挽き)…1kg
青トウガラシ…200g
ニンニク(みじん切り)…1片
ショウガ(みじん切り)…1片
小麦粉…100g
塩…適量

〈 作り方 〉
❶ トウモロコシ粉、きざんだ青トウガラシ、ニンニクとショウガのみじん切り、小麦粉、それらの重量の4%の塩を煮沸消毒した保存瓶に入れる。
❷ 常温において乳酸発酵させる(4〜7日後に使用可能)。なお、数日のうちに使う分はバットに移し、酒でのばして冷蔵保存する。写真は2年ほど前に漬けたもの。

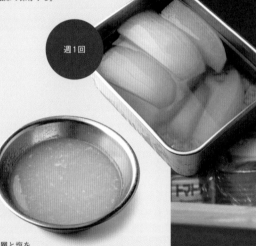

週1回

冷やし冬瓜、
冬瓜のすり流し

〈 材料 〉
トウガン(小)…1個
重曹…適量
塩…適量
水…1ℓ
干しエビ…30g

〈 作り方 〉
❶ トウガンの皮をむき、重層と塩を合わせたものをすり込んで30分間おく。
❷ ①を切り分けて種を取り除き、さっとゆでる。
❸ バットに②と水、干しエビを入れ、蒸籠で50分間ほど蒸す。味をみて必要なら塩で調味する。
❹ ③のトウガンの一部を蒸し汁とともにミキサーにかけて、すり流しとする。
❺ トウガンはバットに、すり流しはボウルに入れて、それぞれ冷蔵庫で保存する。

牛スネ、ハチノス

〈 材料 〉
牛のスネ…1kg
ハチノス…1kg
鶏がらスープ…適量
滷水(57頁)…適量

〈 作り方 〉
❶ 牛のスネを塊のまま鶏がらスープで1時間煮る。
❷ ①を適当にカットし、滷水でさらに1時間煮る。
❸ ハチノスをアクを引きながら10分間煮る。
❹ ③を適当にカットし、滷水で1時間半〜2時間煮る。
❺ ②と④を滷水に浸けたまま常温で冷まし、冷めたらそれぞれラップ紙で包んで冷凍保存する。なお、数日で使う分はあらかじめ冷蔵庫に移して解凍しておく。

月1〜2回

塩スダチ

〈 材料 〉
スダチ…8個
塩水(塩分濃度4%)…適量
山椒…3〜4粒

〈 作り方 〉
煮沸消毒した容器にスダチと塩水、
山椒を入れ、常温において乳酸発酵
させる(4〜7日後に使用可能)。な
お、写真は1年ほど前に漬けたもの。

3日に
1回

エビとアスパラガスの
湯葉巻き揚げ

〈 材料 〉
(12〜13本)　　　片栗粉…少量
むきエビ…400g　グリーンアスパラガス…200g
ラード…大さじ1強　湯葉(乾燥)…適量

〈 作り方 〉
❶ むきエビに塩とコショウ(分量外)で下味をつける。
❷ ①をラードと片栗粉とともにフード・プロセッサー
　 にかける。
❸ ②ときざんだグリーンアスパラガスを合わせる。
❹ ③を40gずつ取って乾燥湯葉で巻く。なお餡が硬く、
　 揚げる際に油に溶ける心配がないので両端は閉じな
　 くてよい。バットに並べて冷凍し、袋に移して冷凍
　 保存する。

滷水

水、塩、砂糖、ネギやショウガなど
の香味野菜、山椒やクローブ、ロー
リエ、八角、桂皮、フェンネルなど
の香辛料、カラメル色素で作る滷水
は、冷凍保存。仕込みの際に解凍し
て使う。仕込んだ牛スネやハチノス、
砂肝などからも旨みが出るので、仕
込みごとに深みのある味に。

週1回

押し豆腐

〈 材料 〉
押し豆腐…500g
塩水(塩分濃度1.5%)…適量

〈 作り方 〉
❶ 押し豆腐を塩湯で5分間ゆで、
　 さっと洗う。
❷ 食べやすい長さに切って塩水に浸
　 け、冷蔵庫で保存する。

ムキエビ
南蛮漬け

〈 材料 〉
むきエビ…50尾　　水…100㎖
片栗粉…適量　　　辣油…30㎖
漬け地　　　　　　ゴマ油…30㎖
　砂糖…200g　　ニンジン(細切り)…適量
　酢…200㎖　　タマネギ(細切り)…適量
　醤油…200㎖　ピーマン(細切り)…適量
　酒…200㎖

週1回

〈 作り方 〉
❶ むきエビ(冷凍)を解凍し、片栗粉をまぶして揚げ油で揚げる。
❷ 漬け地の材料を密閉容器に合わせ、細切りにしたニンジン、タマ
　 ネギ、ピーマン、①を漬ける。冷蔵庫で保存する。

中華汀の「仕込みアイテム」

週1回

週3回

味つけ挽き肉

〈 材料 〉
豚の挽き肉…2kg
酒…200g
醤油…200g
甜麺醤…大さじ1

〈 作り方 〉
豚の挽き肉をよく炒め、酒と醤油、
甜麺醤を加えてさらに炒める。

茹で豚

〈 材料 〉
（3皿分）
豚のバラ肉（冷凍）*…240g
＊豚のバラ肉（冷凍）　豚のバラ肉1kg
を塊のまま鶏がらスープで1時間ゆで、
3等分してラップ紙で包んで冷凍した
もの

〈 作り方 〉
豚のバラ肉（冷凍）を切りやすいよう
半解凍し、2〜3mmの厚さにスライ
スする。80gずつ皿に並べ、ラッ
プ紙を被せて冷凍保存する。

豚団子

〈 材料 〉
（25個分）
豚の挽き肉…1kg
ショウガ水*…大さじ2
酒…大さじ2
醤油…大さじ1
塩…小さじ2
片栗粉…大さじ2強
全卵…1個
＊ショウガ水　ショウガ
のみじん切りを水にさら
しておいた際の水

〈 作り方 〉
❶ 材料をすべて合わせてよく練り、
　1個40gに計量して丸める。
❷ ゆでて完全に火を通す。
❸ バットに並べて冷凍し、袋に移し
　て冷凍保存する。

月1〜2回

2〜3日に
1回

蒸し鶏

〈 材料 〉
鶏胸肉…1kg
スープ
┃鶏がらスープ
┃…100㎖
┃塩…大さじ1
┃酒…大さじ1

〈 作り方 〉
❶ 鶏胸肉をさっと洗い、あらかじめ合わせてお
　いたスープ適量とともに1枚ずつ袋に入れて
　空気を抜く。
❷ 63.5℃の低温調理器で1時間加熱する。
❸ 冷めたら冷蔵庫で保存する。

肉と魚介は1皿に使用する100〜120gずつに小分け
し、ラップ紙で包んだり、ビニール袋に入れて冷凍保
存。注文ごとに解凍して使用している。

乳酸発酵の漬物は、
ご飯のお供にも、酒のつまみにも

自家製
発酵漬物

〈 材料 〉
自家製発酵漬物(56頁)
…適量

自家製発酵漬物

〈 作り方 〉
ニンジンは輪切りに、ダイコンは半月にするな
ど食べやすい大きさに切り、皿に盛る。

押し豆腐 和え物

〈 材料 〉
押し豆腐(57頁)…80g
ニンジン…5g
キュウリ…5g
ゴマ油…小さじ1強
うま味調味料…1つまみ
塩…適量

仕込み
アイテム

押し豆腐

〈 作り方 〉
❶ ニンジンとキュウリを細切りにし、塩揉みする。
❷ 水気をきった押し豆腐と①、ゴマ油、うま味調味料をボ
　ウルで混ぜ、味をみて必要なら塩で調味する。器に盛る。

押し豆腐はゆでて塩水に浸けるまでを
仕込んでおけば、注文後はスピーディー

冷やし冬瓜
干しエビの
香り煮びたし

仕込み
アイテム

冷やし冬瓜

〈 材料 〉
冷やし冬瓜(56頁)…適量
冬瓜のすり流し(56頁)…適量

〈 作り方 〉
冷やし冬瓜を1cm幅に切って皿に
盛り、冬瓜のすり流しをかける。

冬瓜のすり流し

切って盛るだけの冬瓜の煮びたしは、
一部をすり流しにして、料理店らしさをプラス

ムキエビ
南蛮漬け

〈 材料 〉
ムキエビ 南蛮漬け(57頁)

〈 作り方 〉
ムキエビ 南蛮漬けを冷蔵
庫から出し、皿に盛る。

仕込み
アイテム

ムキエビ 南蛮漬け

常備菜の定番「南蛮漬け」も
辣油とゴマ油を使えば四川風に

挽肉と青唐辛子入り
発酵トウモロコシの
卵炒め

〈 材料 〉
全卵…2個
味つけ挽き肉(58頁）…適量
ニラ（きざむ）…適量
ネギ（みじん切り）…適量
ショウガ（みじん切り）…適量
酒…適量
醤油…適量
塩…適量
発酵トウモロコシ(56頁）…適量

〈 作り方 〉
❶ 全卵〜塩までの材料をすべてボウルに合わせておく。
❷ 鍋に油を敷き、発酵トウモロコシを炒める。
❸ ①を加えてさらに炒めて、皿に盛る。

仕込み
アイテム

味つけ挽き肉　　発酵トウモロコシ

甜麺醤ベースの味つけ挽き肉は、
麻婆豆腐や担々麺などにも大活躍

60

発酵トウモロコシや塩スダチなどの発酵アイテムは、
調味料として使うことで、料理に独特の風味をつけられる

ムキ大海老 塩スダチの塩炒め

〈 材料 〉

エビ…4〜5尾
ズッキーニ…適量
ベビーコーン…適量
炒めダレ
　鶏がらスープ…大さじ2
　酒…大さじ1
　塩…小さじ2/3
　砂糖…小さじ1/3
塩スダチ(57頁)…小さじ1
水溶き片栗粉…適量

〈 作り方 〉

❶ エビ（冷凍）を流水で解凍し、塩とコショウ（分量外）をふって薄く片栗粉をまぶす（分量外）。
❷ ①と適宜に切ったズッキーニ、ベビーコーンを油通しする。
❸ あらかじめ材料を合わせておいた炒めダレに、きざんだ塩スダチを混ぜる。
❹ ②を③とともに炒め、水溶き片栗粉でとろみをつける。

仕込み
アイテム

塩スダチ

エビと
アスパラガスの
湯葉巻き揚げ

〈 材料 〉
エビとアスパラガスの
湯葉巻き揚げ(57頁)…2本
山椒塩…適量

〈 作り方 〉
❶ エビとアスパラガスの湯葉巻き揚げを冷
　凍のまま揚げ油で揚げる。
❷ カットして皿に盛り、山椒塩を添える。

仕込み
アイテム

エビとアスパラガスの
湯葉巻き揚げ

油で揚げれば完成の湯葉巻き揚げは、
中の具材を変えて季節感も表現

牛スネ、ハチノス
山椒オイル和え

〈 材料 〉
牛スネ(56頁)…50g
ハチノス(56頁)…50g
ミョウガ…1本
ショウガ(みじん切り)…適量
山椒油…大さじ1
ゴマ油…大さじ1/2
砂糖…少量
塩…少量

〈 作り方 〉
❶ あらかじめ冷蔵庫で解凍しておいた牛ス
　ネとハチノスをスライスする。ミョウガ
　は細切りにする。
❷ ①と他の材料すべてをボウルに合わせて
　和え、皿に盛る。

仕込み
アイテム

牛スネ／ハチノス

茹で豚、ニンニク辛しソース

〈 材料 〉

茹で豚(58頁)…1皿
鶏がらスープ…約50㎖
キュウリ(薄切り)…適量
ニンニク辛しソース
(以下、唐辛子以外は50ccレードルで)
　甜醤油…5杯
　砂糖…0.5杯

醤油…2.5杯
ニンニクのすりおろし…1杯
煎りゴマ…1杯
辣油…1杯
唐辛子(粉)…小さじ2

〈 作り方 〉

❶ 茹で豚のラップ紙を外し、解凍しやすいよう鶏がらスープを張って蒸籠で2分間蒸す。

❷ スープを捨て、水にさらしておいたキュウリの薄切りをのせ、あらかじめ合わせておいたニンニク辛しソースを適量かける。

茹で豚

ゆでた豚バラ肉をスライスし、円を描くように皿に並べて冷凍保存。
注文が入ったらスープを張って2分間蒸すだけの時短版「雲白肉」

豚団子のスブタ

〈 材料 〉
豚団子(58頁)…4個
タマネギ…適量
ニンジン…適量
ズッキーニ…適量
甘酢ダレ(以下、50ccレードルで)
　砂糖…1杯
　酢…1杯
　醤油…0.5杯
　水…0.5杯
水溶き片栗粉…適量

〈 作り方 〉
❶ 豚団子を電子レンジで解凍し、揚げ油でカリッと揚げる。
❷ 適宜に切ったタマネギとニンジン、ズッキーニを油通しする。
❸ 甘酢ダレの材料を鍋に合わせて沸かし、軽く煮詰める。水溶き片栗粉でとろみをつける。
❹ ③に①と②を加えて炒め、皿に盛る。

仕込み
アイテム

豚団子

低温調理器でしっとり火を入れた蒸し鶏は、
和えそばの他、よだれ鶏やバンバンジーにも

蒸し鶏、胡瓜、冷製麻辣和えそば

〈 材料 〉

蒸し鶏(58頁)…30〜40g	辣油の絞りかす…小さじ1.5
中華麺…140g	砂糖…小さじ1
キュウリ…適量	炒めた豆板醬…小さじ1
タレ	ニンニクのみじん切り
辣油…大さじ2	…小さじ0.5
山椒油…大さじ1	ショウガのみじん切り
ゴマ油…大さじ1	…小さじ0.5
酢…大さじ1	山椒(粉)…1つまみ
黒酢…大さじ0.5	きざみネギ…少量

〈 作り方 〉

❶ 中華麺を2分半ゆでる。
❷ 麺をゆでている間に、細切りにした蒸し鶏とキュウリ、タレの材料をすべてボウルに合わせる。
❸ 麺がゆで上がったら流水でぬめりを落とし、氷水で締める。
❹ ③を②のボウルに入れて和え、皿に盛る。

蒸し鶏

DRINK

Natural Wine

gnudi のワインは全て自然派ワイン。

ワインリストはございません。

お好みなどお気軽にお声かけ下さい。

<u>ハウスワイン</u>　　→ グラス　¥550
　　　　　　　　　　→ デキャンタ　500㎖　¥2420
　　　　　　　　　　　　　　　　　1000㎖　¥4400

(Bianco　伊 フリウリ地方　シャルドネ 　)
(Rosso　　伊 フリウリ地方　カベルネ・フラン)

<u>グラスワイン　いろいろ</u>　　　¥880〜

<u>ボトルワイン　いろいろ</u>　　　¥5500〜

スパークリング、白・赤 各種 ご用意ございます。

メニュー構成

　事前に作るものが決まっている「おまかせコース」に比べ、何がどのくらい出るかがわからない「アラカルト」では、メニュー構成がより重要になる。すべてを1人で行なうワンオペ営業ではなおさらで、料理が滞ることなく、スムーズに提供できるメニューを組みたい。

　まず力を入れたいのが、仕込んでおきさえすれば、注文後は盛りつけるだけでさっと出せる冷前菜。「ビストロ ラ コケット」では、最初に必ず1品は注文が入るよう、前菜の3/4となる14～15品もの冷前菜をラインナップ。冷前菜を出している間に次の料理を調理することで、食事のいい流れを作る狙いだ。フライヤーに投入すれば、あとは手を離せる揚げ物も、ワンオペ店では重宝する存在である。「ニューディー」では、前菜の盛合せの注文が入ったら、まずは2つの生地をフライヤーに投入。揚げている間に他の前菜を用意し、盛りつけておくことで、揚げものを組み込んでも最短5分というスピーディーな提供を実現している。

　メニュー表自体に関しては、「口頭での説明が不要になるよう、イメージしやすい料理名をつけたり、簡単な説明書きを添える」や「あらかじめ店からのお願いごとを明記する」などの事例がみられた。また、「ボート」では営業が落ち着いて余裕ができた時に限り、オンメニューしていない「〆のパスタ」を口頭で案内。メニューを固定化していないため、その日に使いたい食材をすすめることができ、ロスを減らせるメリットもある。

ボート
boat

東京・幡ヶ谷

オーナーシェフ
半田 直

1983年大阪府生まれ。20歳で上京し、演劇活動を
経て25歳で飲食の世界へ。居酒屋で5年間働いた後、
独立をめざしてフランス料理店やイタリア料理店、ビ
ストロ、ベトナム料理店、カフェなど多様な店で経験
を積む。2020年12月に開業。

東京都渋谷区本町6−38−10 大竹ビル101

☎03−6276−7987

営業時間／18時〜23時　定休日／日曜、不定休

1

「ワンオペ向き」という炭火焼きを武器に、できたての香りと温度感を飾らずに表現

　炭火焼きを軸にしたボリューム満点のビストロ料理を、自然派ワインとともに提供する東京・幡ヶ谷の「ボート」。オーナーシェフの半田 直さんはバンドや演劇活動を経て、結婚して子どもができたことをきっかけに、飲食の世界へ。居酒屋で5年間働き、エリアの統括店長をまかされるまでになるが、将来の独立を意識して退職。炭火焼きを売りにしたイタリア料理店や個人店のビストロ、ベトナム料理店やカフェといったさまざまな業態で、時には昼夜かけもちで修業を積み、2020年12月に38歳で独立を果たした。

　ワンオペ営業をするにあたり、「やってよかった」と半田さんが話すのが、修業時代に技術を身につけた炭火焼きだ。「フライパンやオーブンだとなかなか目を離せないし、使ったら、そのつど洗わないといけない。その点、炭火焼きは食材を網の上に置いたまま比較的放っておけるので、同時に他の作業もしやすい。もちろん炭火焼き

ならではの熱々のおいしさが一番の魅力ですが、作業面でもワンオペ向きだと感じます」

　料理はアラカルト30品ほどだが、実はメニュー表には載せていない"裏メニュー"がある。営業が落ち着いたタイミングで、「お腹に余裕があるようでしたら」と常連客を中心に声をかける「〆のパスタ」だ。メニューを固定していないため、例えば「今日だったら、イワシのパスタもできますが」など、その日に使いたい食材をすすめることも可能。ロスを防ぐことにもつながるわけだ。常連客が頼むのを見て、「私たちも食べたい」と他のお客が続いて注文するケースも。「パスタはある程度の量を一度にまとめて作れますし、"同じ釜の飯を食う"じゃないけど、最後に皆で同時に食べることで、店の雰囲気がぐっとよくなります」と半田さん。ワインと料理をたっぷり楽しんだ後の〆のパスタがおいしいのは、お腹だけでなく心も満たされるからだろう。

1・2 入って左手にオープンキッチン、正面奥がテーブル席という構成。天井下にはめ込まれたスピーカーからは、バンド活動をしていた半田さんセレクトの音楽が流れる。　3 きれいに磨き上げられたキッチンは約4坪。営業後はどんなに遅くてもその日のうちに掃除することを心がけている。　4 飾らない人柄の半田さん。「料理だけでなく、サービスも自分のスタイルでストレスなくやりたい」とワンオペでの開業を決めた。5 店は京王新線・幡ヶ谷駅から徒歩10分ほどの住宅街にある。

仕込みのポイント

✓ 加熱調理する魚は仕入れたら すぐ掃除し、小分けして真空冷凍する

比較的劣化しづらく、フリットや炭火焼きなど火を入れて提供する魚は、仕入れたらすぐに掃除し、1オーダー分ずつ真空にかけて冷凍保存している。「冷蔵庫で2〜3日経ったものを使うより、よっぽど状態がいいし、ロスも防げる」ためだ。一方で旬の魚を生で提供する場合は、ロスを覚悟で冷凍はせず、塩をふって水分を抜く程度の処理をほどこす。

✓ 真空包装する場合は、2人分と1人分の 2パターンを用意しておく

ボートの料理はほとんどが1皿で2人分の量。そのため、1オーダー分ずつ真空包装する場合、例えば「太刀魚のフリット」に使うタチウオなら1人60g×2人分の120gを1袋に入れるわけだが、これに加えて1人分60gのパターンも用意。2人分と1人分とを組み合わせることで、3人客にも対応するためだ。

✓ 仕込みで使った食材を有効利用し、 裏メニューのメのパスタに使う

メニューには載せていないが、営業が落ち着いて余裕がある場合には常連客を中心に「〆のパスタ」を口頭で案内する。ボロネーゼなどの定番の他、イカをさばいた時に出たイカのスミや肝をためておき、パスタ用にイカスミソースを仕込んでおくことも。イカスミソースは製氷皿で冷凍しておくことで、保存性だけでなく使いやすさもアップ。

Data

[店舗面積]	9.8 坪（うち厨房4坪）
[席数]	カウンター 6 席、テーブル 8 席
[客単価]	1万円

Schedule
ある日のスケジュール

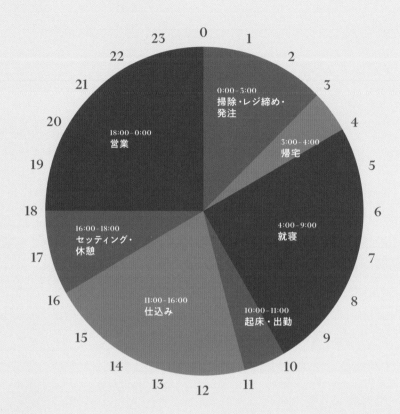

0:00–3:00
掃除・レジ締め・発注

3:00–4:00
帰宅

4:00–9:00
就寝

10:00–11:00
起床・出勤

11:00–16:00
仕込み

16:00–18:00
セッティング・休憩

18:00–0:00
営業

10:00–11:00
起床・出勤

起床したらシャワーを浴び、自転車で店に向かう。出勤途中に八百屋に寄って野菜を買うことが多い。

11:00-16:00
仕込み

店は自宅から自転車で5分ほど。店に着いたらまずは植物に水やりをして、仕込みをスタート。昼過ぎに魚が届いたらすぐにさばき、魚種によっては小分けして真空にかけて冷凍庫へ。なお、およそ週に2日は定休日にしているが、そのうち1日は店に来て、仕込みの他、普段できないダクトやエアコンの掃除をすることが多い。

16:00-18:00
セッティング・休憩

仕込みを終えたら掃除機をかけ、トイレにお香を焚いて、テーブルを拭くなど夜のセッティングをする。営業までに軽く食事を済ませ、1～2時間ほど休憩をとる。

18:00– 翌0:00
営業

平日は1回転が基本だが、最近は土曜のみ2回転目の予約も受けつけるように。営業が落ち着いて余裕ができたら、メニューにはない〆のパスタをすすめることも。また、閉店時間は23時だが、常連客が店の片づけが終わるまで残って飲むことも。

0:00–3:00
掃除・レジ締め・発注

お客が帰ったら洗い物をし、厨房とフロア、トイレの掃除を行なう。なお、「掃除はその日のうちに」が基本。「ワンオペは自分次第だからこそ、1つさぼるとすべてだらしなくなる。自分に甘くはNGです」。どうしても営業後に掃除ができず、翌日に持ち越したのは2年間でたったの3回とのこと。レジ締めをし、翌日にすべき仕込みの確認と食材の発注を済ませて3時頃に帰宅。

3:00–4:00
帰宅・就寝

帰宅は早くて2時、遅いと5時になることも。自宅で晩酌をし、就寝。

炭火料理

ジャンボマッシュルームのガーリックオイル焼き　900

焼き野菜の盛り合わせ　1人前/900　※ご人数分のご注文をお願いします

豚足とサルサヴェルデ　900

帆立とグリーンピース　海苔のブールブランソース　1800

穴子の白焼き　焼きなす　2000

丹波黒ドリと長ネギ　自家製柚子胡椒　2000

蛤軍鶏のサルシッチャ　マッシュポテト　2000

ラムのアダナケバブとクスクス　2800

マグロ頬肉とカボナータ　バルサミコソース　3200

青森県産　鴨胸肉と焼き野菜　4000

岩手県　田村牧場さんの短角牛と焼き野菜　4200

POINT
炭火焼きは付合せにも力を入れることで、1皿のボリュームと単価を上げる

POINT
注文ごとにゴマをすり鉢でするゴマ和えは、季節で素材を変えて定番に

POINT
自然派ワインはグラス8種類ほどを用意。ボトルの中心価格は8000円前後

POINT
グラタンは営業直前に皿に3つのパーツを重ね、「あとは焼くだけ」の状態に

boat

諸々料理

—冷—

オクラとモロヘイヤの胡麻和え　800

平飼い有精卵のウフマヨ(2個)　900

フルーールトマトのガスパチョ　1400

水茄子とズッキーニのカルパッチョ　1600

水牛モッツァレラと桃のサラダ　2000

鰹鰤のカルパッチョ　ラビゴットソース　2400

パテカン 1100/ 岩中豚のリエット 750/ 鴨の生ハム 700
3点盛り合わせ 1人前 1400

バゲット　1cut/200

デザート

プリン　700

イチジクとクランベリーのヌガーグラッセ　600

ショコラテリーヌとバナナアイス　800

食後のドリンク

— CHAIYA-BABAさんのネパール紅茶 —

GOLDEN SUN(フルーティーな春摘みの紅茶)　800

バナナの皮に包んで発酵させた独自アロマが特徴の紅茶　800

チャイ　800

レモングラスほうじ茶(ホット)　700

お飲み物

— Cyclic Beer Farm(カタルーニャのブリュワリー) —

"Xinoxano(チャノチャノ)"　750ml/3600

— クラフトビール —

①"Beerblotek Pils Pils"(トラディショナルな軟水系のピルスナー)330ml/1100

②"Beerblotek Saison" (レモン、ストーンフルーツ、カモミールやクローブ、フルーティーかつドライ)500ml/1400

③"The Snow King IPA"(パッションフルーツ・パイナップル・マンゴーとホップの風味)330ml/1100

赤星　中瓶　750

レモンサワー　750

マス・クトゥル　ベルモット　ソーダ　900

— ソフトドリンク —

ココファームワイナリーのブドウジュース　700

レモングラスほうじ茶(アイス)　500

アクアパンナ　750ml　800

サンペレグリノ　750ml　700

—温—

自家製ポテトフライ　900

ブーダンノワールの缶詰　カルダモン風味の林檎ジャム　1600

太刀魚のフリットと万願寺とうがらしの炭火焼き　2400

短角牛のボロネーゼと芋ピュレのグラタン　デュクセル　1800

トリッパと白インゲン豆　2000

鴨のコンフィ　マッシュポテト　3200

Menu
メニューについて

炭火焼きを軸に、ビストロらしいボリューム満点の料理を用意

冷前菜8品、温前菜6品、炭火料理11品、デザート3品の計30品ほど。"〆のパスタ"はあくまで裏メニューという位置づけ。「できたての温度感を楽しんでもらいたい」と余計な飾りつけはせず、シンプルに盛りつける。

1〜2ヵ月に1回

2週間に1回

バルサミコソース

〈 材料 〉

バルサミコ
…200g
フォン・ド・ヴォー
…50g

〈 作り方 〉

バルサミコを鍋に入れて火にかけ、1/3量になるまで煮詰め、フォン・ド・ヴォーを加え混ぜる。バットに入れて冷蔵保存する。

パテカン

〈 材料 〉

（340mm×110mm×81mmの
テリーヌ型2本分）
豚の肩ロース…2.2kg
豚のネック…500g
マリネ液
　ポルト…250g
　ブランデー…50g
　タマネギ（薄切り）…200g
　エシャロット（薄切り）…35g
　ニンニク（薄切り）…35g
　タイム…4本
　ローズマリー…4本

鶏のレバー…500g
塩…適量
全卵…4個
キャトルエピス…6g
黒コショウ…適量
豚の網脂…適量
タイム…適量
ローリエ…適量
ラード…適量

〈 作り方 〉

❶ 豚の肩ロースとネックを3cm角に切ってバットに入れ、材料を合わせたマリネ液で1晩マリネする。

❷ 鶏のレバーは掃除して水で洗い、氷水に浸けて冷蔵庫で1晩おく。

❸ 翌日に①の肉を引き上げ、ミンサーで粗挽きにする。②のレバーは細かい目で挽く。マリネ液は漉しておく。

❹ 肉とレバーの重量に対して1.2%の塩、漉したマリネ液全量、全卵、キャトルエピス、黒コショウを合わせる。氷水を当てて冷やしながらよく混ぜる。

❺ 豚の網脂を敷いたテリーヌ型に詰め、網脂で包む。タイムとローリエをのせ、冷蔵庫で1晩ねかせる。

❻ 翌日に冷蔵庫から出して常温で2時間ほどおく。140℃のオーブンで1時間半ほど湯煎焼きする。

❼ オーブンから出して氷水に当てて急冷し、ラードを上に流す。冷蔵庫で保存し、およそ2週間後から使う。

モロヘイヤの地浸け

〈 材料 〉

モロヘイヤ…1パック
浸け地*…適量

＊浸け地　水1ℓに昆布（10cm）1枚を浸けて一晩おき、昆布を除いて塩4gを入れて火にかける。沸いたらカツオ節50gを入れて2分間ほどしたら火を落とし、漉してだしを引く。このだし180㎖に対し15㎖の淡口醤油を加えて冷ましたもの

2日に1回

〈 作り方 〉

❶ モロヘイヤを水で洗って茎と葉に分け、火の通りづらい茎から先にさっとゆでる。

❷ 氷水で冷やし、適当にカットして水分をとる。

❸ 浸け地を注いだ密閉容器に入れ、冷蔵庫で1日浸ける。

2日に1回

オクラの地浸け

〈 材料 〉

オクラ…20本
塩…適量
浸け地…適量

〈 作り方 〉

❶ オクラのヘタを落とし、塩をふって板ずりする。

❷ 2分間ゆでて氷水で冷やし、斜めにカットして水分をとる。

❸ 浸け地を注いだ密閉容器に入れ、冷蔵庫で1日浸ける。

デュクセル

〈 材料 〉
マッシュルーム…250g
エシャロット
（みじん切り）…30g
バター…30g
塩…少量

〈 作り方 〉
❶ マッシュルームをフード・プロセッサーにか
　けて細かくきざむ。
❷ エシャロットをバターで炒め、①と塩を加え
　て水分がなくなるまで炒める。

週2回

穴子

〈 材料 〉
アナゴ（さばいたもの）…5尾

〈 作り方 〉
❶ アナゴはさばいたものを仕入
　れ、皮目にさっとお湯をかけ
　て氷水に落とす。
❷ 包丁でぬめりを取り、背ビレ
　を落として骨切りする。
❸ ペーパーで水分をふき取り、
　1尾ずつ袋に入れて真空にか
　けて冷凍保存する。なお、常
　に3袋ほどは冷蔵庫に入れて
　解凍しておく。

週
2〜3回

鴨の生ハム

1〜2ヵ月に
1回

〈 材料 〉
鴨の胸肉…6枚
岩塩…肉の重量の4.5%
三温糖…肉の重量の2%
ローズマリー…適量
タイム…適量
黒コショウ…適量

〈 作り方 〉
❶ 鴨の胸肉を掃除し、岩塩と三温糖、ロー
　ズマリー、タイムをまぶしてビニール
　袋に入れ、冷蔵庫で2日間おく。
❷ 袋から出して流水でさっと洗い、水分
　をふいてバットに並べる。黒コショウ
　をまぶし、冷蔵庫で1日おく。
❸ 肉を脱水シートで包んで冷蔵庫に入れ
　る。毎日シートを交換しながら4日間
　ほどかけて水分を抜く。
❹ 袋に入れて真空にかけ、冷凍庫で保存
　する。数日中の営業で使う分は冷蔵庫
　で解凍しておく。

ジャガイモのピュレ

〈 材料 〉
メークイン…1kg
インカのめざめ…500g
バター…500g
牛乳…500㎖
生クリーム
（乳脂肪分38%）…300㎖
塩…適量

週2回

〈 作り方 〉
❶ メークインとインカのめざめを洗ってアルミ箔で
　包み、160℃のオーブンで1時間半ほど焼く。
❷ 皮をむき、タミで漉して鍋に入れる。
❸ バター、牛乳、生クリーム、塩を加えて火にかける。
　混ぜながら炊き、もったりしてきたらタミで漉す。
❹ バットで冷やし、密閉袋に小分けにして冷凍保存
　する。数日使う分は密閉容器に入れ（写真）、冷蔵
　保存する。

白インゲン豆

〈 材料 〉
白インゲンマメ（乾燥）
…適量
ニンニク（つぶす）
…適量
ローズマリー…適量
塩…適量

週2回

〈 作り方 〉
❶ 白インゲンマメを水に1日浸けてもどしておく。
❷ 戻し汁ごと鍋に入れ、お茶用パックに入れたニン
　ニクとローズマリー、塩とともにアクを引きなが
　ら10分間ほど炊く。やや硬めに仕上げ、密閉容
　器に移して冷蔵保存する。

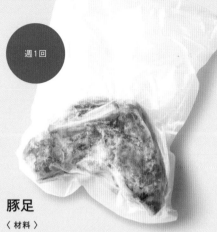

週1回

豚足の
だしソース

週1回

〈 材料 〉

豚足の煮汁…適量
タマネギ（薄切り）…2個

〈 作り方 〉

❶ 豚足の煮汁全量を鍋に沸かし、味をみ
ながら煮詰める。アクは適宜引く。

❷ タマネギを飴色になるまで炒め、①を
少量ずつ加えながらブレンダーで撹拌
する。密閉容器に入れて冷蔵保存する。

豚足

〈 材料 〉

豚足…3本	ニンニク…2片
タマネギ…1.5個	ショウガ…2片
ニンジン…1本	塩…適量
セロリ（大）…1本	水…適量

〈 作り方 〉

❶ 豚足を半分に切り、ゆでこぼす。

❷ ①をざく切りにしたタマネギ、ニンジン、セロ
リ、ニンニク、ショウガ、塩、ひたひたの水とと
もに鍋に入れ、1時間半ほど炊く。そのまま冷まし、
一晩おく。

❸ 香味野菜を取り除き、豚足を煮汁とともに袋に入
れて真空にかけ、冷凍保存する。残った煮汁は豚
足のだしソース用に取りおく。

月に2回

**短角牛
2kg分**

短角牛のボロネーゼ

〈 材料 〉

短角牛*…5kg
タマネギ（みじん切り）…1kg
ニンジン（みじん切り）…500g
セロリ（みじん切り）…500g
ニンニク（みじん切り）…2片
赤ワイン…500g
ホールトマト…2550g
ローリエ…2〜3枚

＊短角牛　メインの炭火焼用に仕入れ
た短角牛を掃除した際に出た端材を集め、
ミンサーで挽いて使用している

〈 作り方 〉

❶ 短角牛を鉄のフライパンでしっかり焼き色がつく
ように焼く。

❷ タマネギ、ニンジン、セロリ、ニンニクをみじん
切りにし、甘みが出るようにオリーブオイルで炒
める。

❸ ①と②を合わせ、強火にした状態で赤ワインを加
え、しっかりと赤ワインの水分がなくなるまで煮
詰める。

❹ ムーランで潰したホールトマトとローリエを加え
て弱火で1時間ほど煮込む。

❺ バットに移して冷やし、密閉袋に小分けにして冷
凍保存する。数日使う分は密閉容器に入れ（写真）、
冷蔵保存する。

サルサヴェルデ

〈 材料 〉

イタリアンパセリ…50g
ケッパー…20g
ケッパー（塩漬け）…20g
ニンニク…20g
E.V. オリーブオイル…100g

〈 作り方 〉

❶ オイル以外の材料をすべて包丁で細かくきざ
み、E.V. オリーブオイルとともにボウルに合
わせる。

❷ 煮沸消毒した瓶に入れ、冷蔵保存する。

**2週間に
1回**

太刀魚

タチウオは店に届いたらすぐにさばき、1切れ20gにカット。1皿分120gを袋に入れて真空にかけ、冷凍保存する。3皿分ほどを冷蔵庫に入れて解凍しておき、営業中に足りなくなった場合は流水で解凍して使う。

鴨のコンフィ

〈 材料 〉
鴨の骨付き腿肉
（シャラン産）…5本
塩…鴨の重量の1.5%
三温糖…鴨の重量の0.3%
ローズマリー…適量
タイム…適量
ラード*…適量
＊ラード　鴨をコンフィした際のラードをくり返し使用している

〈 作り方 〉
❶ 鴨の骨付き腿肉に塩と三温糖、ローズマリー、タイムをまぶしつけ、1晩マリネする。
❷ 翌日にラードとともに袋に入れて真空にかけ、80℃の低温調理器で3時間加熱する。
❸ 粗熱をとり、袋ごと冷蔵庫で保存する。

月1回

週3回

焼きなす

〈 材料 〉
ナス…3本

〈 作り方 〉
❶ コンロの上に網をのせ、ナスを並べて直火で焼く。
❷ 皮をむいて密閉容器に入れ、冷蔵保存する。

3日に1回

ラムの
アダナケバブのタネ

〈 材料 〉
ラムの挽き肉…1kg
クミンパウダー…6g
コリアンダーパウダー…2g
黒コショウ（ミルで挽く）…2g
カルダモンパウダー…2g
パプリカパウダー…1g
カイエンヌペッパー…1g
デュカスパイス…6g
塩…12g
松の実（ローストしてきざむ）…10g

〈 作り方 〉
材料をすべて合わせてよく混ぜ、密閉容器に入れて冷蔵保存する。

週1〜2回

イカスミソース

〈 材料 〉
イカのスミと肝*…4杯分
白ワイン…40g
タマネギ（みじん切り）…30g
ホールトマト…200g
＊イカのスミと肝　コウイカやモンゴウイカをさばいた際に出たスミと肝

〈 作り方 〉
❶ イカのスミと肝を掃除し、ボウルに入れて白ワインに浸す。
❷ タマネギを炒めたところに①を入れ、さらに炒めて臭みをとばす。
❸ ホールトマトを加えて軽く煮込み、ブレンダーで撹拌して漉す。製氷皿に入れ、冷凍保存する。

岩中豚のリエット

〈 材料 〉
豚のバラ肉…5kg
タマネギ…2.5kg
ベーコン…300g
白ワイン…適量
塩…65g
タイム…適量

1〜2ヵ月に
1回

〈 作り方 〉
① 豚のバラ肉を3cm角にカットしてフライパンで焼き、しっかりと焼き色をつける。
② タマネギをスライスし、甘みが出るまでオリーブオイルで炒める。
③ 寸胴鍋に①、②、適宜にカットしたベーコンを入れ、白ワインをひたひたに注ぐ。塩とタイムを加えて火にかけ、沸いたら弱火にして3〜4時間煮る。
④ ③をバットにあけて冷蔵庫で1日ねかせる。
⑤ 固まった脂を別に分けておく。タイムは取り除く。
⑥ 適宜脂を足しながら⑤をミキサーにかける。バットに入れて冷蔵保存する。

マグロ頬肉

3日に1回

〈 材料 〉
マグロの頬肉…2〜3枚

〈 作り方 〉
マグロの頬肉を掃除して軟骨などを取り除く。袋に入れて真空にかけ、冷凍保存する。

ヌガーグラッセ

月1回

〈 材料 〉
(175mm×80mm×60mmの型3台分)
プラリネ
　スライスアーモンド…105g
　グラニュー糖…93g
　バター…69g
　水飴…30g
　水…30g
イタリアンメレンゲ
　卵白…120g
　グラニュー糖…150g
　水…50g
生クリーム…375g
イチジク(ドライ)…250g
クランベリー(ドライ)…100g
ピスタチオ…100g

〈 作り方 〉
① プラリネを作る。スライスアーモンドを100℃のオーブンでローストする。
② 鍋にグラニュー糖とバター、水飴、水を合わせて火にかけてカラメリゼし、①を加え混ぜる。
③ 硫酸紙を敷いたバットに②を流し、冷蔵庫で冷やす。固まったら包丁できざむ。
④ イタリアンメレンゲを作る。卵白を撹拌してメレンゲにし、グラニュー糖と水を合わせて114℃に温めたものを少しずつ流しながら撹拌する。
⑤ ボウルに③、④、八分立てにした生クリーム、きざんだイチジク、クランベリー、ピスタチオを合わせて混ぜる。硫酸紙を敷いたテリーヌ型に流し、冷凍庫で冷やし固める。そのまま冷凍保存する。

ブルーベリー
ソース

週1回

〈 材料 〉
ブルーベリー…250g
赤ワイン…70g
ポルト…70g
カソナード…25g
カシス…30g

〈 作り方 〉
① 材料を鍋に合わせて火にかけ、煮詰める。
② 粗熱がとれたらバットに移して冷蔵保存する。

週1回

カポナータ

〈 材料 〉

ナス…3本
ズッキーニ…2本
パプリカ(赤)…1個
パプリカ(黄)…1個
ニンニク(みじん切り)…1片
オリーブオイル…100g
タマネギ…2個

A
ホールトマト…400g
塩…5g
赤ワインヴィネガー…50g
テンサイ糖…15g
ケッパー…25g
松の実…20g

〈 作り方 〉

1. 薄切りにしたナスとズッキーニ、丸のパプリカを180℃のオーブンで30分間ほど焼く。パプリカは皮をむいて一口大にする。
2. ニンニクのみじん切りをオリーブオイルで炒め、香りが出たらタマネギの小角切りを加えてさらに炒める。①、Aの材料(ホールトマトは漉す)をすべて入れて20分間煮込む。冷めたら密閉容器に入れて冷蔵保存する。

月1回

トリッパの煮込み

〈 材料 〉

ハチノス…2kg
ニンニク(みじん切り)…1片
グアンチャーレ…80g
イベリコ豚のチョリソー…40g
タマネギ…1個
赤ワイン…300g
フォン・ド・ヴォー…200g
ホールトマト…320g
パプリカパウダー…6g
カイエンヌペッパー…1g
塩…適量

〈 作り方 〉

1. 寸胴鍋にお湯を沸かしてハチノスを入れ、しゃぶしゃぶの要領でさっとゆがいて引き上げる。
2. 水で洗い、ざく切りのタマネギ、ニンジン、セロリ、タイム、少量の塩(すべて分量外)とともに①の寸胴鍋に戻し入れ、3時間煮込む。容器に移して冷蔵庫で一晩ねかせる。
3. 冷えることで脂が上に固まるので取り除き、ハチノスを取り出して適宜カットする。野菜は取り除く。ゼラチン質でプルプルになった煮汁は800gになるまで煮詰め、漉す。
4. 鍋にE.V.オリーブオイルを敷いてニンニクを炒め、薄く色づいたら拍子木に切ったグアンチャーレとイベリコ豚のチョリソーを加えて炒める。さらにタマネギのスライスを加えて、甘みが出るまで炒める。
5. ③のハチノスと煮詰めた煮汁、赤ワイン、フォン・ド・ヴォー、ホールトマト、パプリカパウダー、カイエンヌペッパーを入れて1時間ほど煮込む。塩で薄めに調味する。
6. 冷えたら密閉容器に移して冷蔵庫に1晩おく。翌日に150gずつ袋に小分けし、真空にかけて冷凍保存する。

プリン

〈 材料 〉

(直径115mmのプリン型7個分)
カラメル
グラニュー糖…300g
水…150g
お湯…150g

A
牛乳…400g
生クリーム(乳脂肪分38%)…200g
ヴァニラビーンズ…1本

B
全卵…4個
卵黄…6個分
グラニュー糖…114g
カソナード…50g

ダークラム…12g

〈 作り方 〉

1. カラメルを作る。グラニュー糖と水を熱してカラメリゼする。火を止めてお湯を加え、色止めする。
2. 鍋にAの材料を入れ、沸く寸前まで温める。
3. ボウルにBの材料を合わせてよく混ぜる。②を注いで合わせる。
4. ダークラムを入れたボウルに③を漉し入れ、混ぜる。
5. ①のカラメルを入れたプリン型に④を流し、140℃のオーブンでおよそ40分間焼く。オーブンから出して粗熱をとり、冷蔵庫で保存する。

週2回

パテカン／岩中豚のリエット／鴨の生ハム
3点盛り合わせ

〈 材料 〉

パテカン(74頁)…2枚
鴨の生ハム(75頁)…4枚
キャロットラペ…30g
赤タマネギのアグロドルチェ…30g
岩中豚のリエット(78頁)…50g
コルニッション…2本
イタリアンパセリ…適量
粗挽き黒コショウ…適量
E.V. オリ　ブオイル　適量
ディジョンマスタード…小さじ1

〈 作り方 〉

❶ パテカンのラードをはずし、1cmの厚さに切ってから
1/4にカットする。

❷ 鴨の生ハムはスライスしてまな板に並べ、包丁の側面
を当てて上から押し、薄くのばす。

❸ キャロットラペと赤タマネギのアグロドルチェを皿に
盛って①を置き、②と岩中豚のリエット、コルニッショ
ンを盛り合わせる。

❹ パテカンにきざんだイタリアンパセリと粗挽き黒コ
ショウをふる。パテカンと鴨の生ハムにE.V.オリーブ
オイルをかけ、ディジョンマスタードを添える。

仕込み
アイテム

パテカン

鴨の生ハム

岩中豚のリエット

営業前に仕込みアイテム3点を皿に重ねてセット。
注文が入ったらオーブンで焼くだけの、簡単・時短グラタン

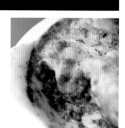

短角牛のボロネーゼと
芋ピュレのグラタン デュクセル

〈 材料 〉
短角牛のボロネーゼ(76頁)…100g
デュクセル(75頁)…30g
ジャガイモのピュレ(75頁)…100g
グリュイエール(シュレッド)…適量
パルミジャーノ(粉末)…適量
イタリアンパセリ…適量
粗挽き黒コショウ…適量

〈 作り方 〉
❶ グラタン皿に短角牛のボロネーゼを敷き、デュクセル、ジャガイモのピュレを順に重ねる。グリュイエールとパルミジャーノをふり、ラップ紙で包んで冷蔵庫で保存する。この作業を営業前に行ない、3皿分作っておく。
❷ 冷蔵庫から出してラップ紙をはずし、220℃のオーブンで15分間ほど焼く。
❸ きざんだイタリアンパセリと粗挽き黒コショウをふる。

仕込み
アイテム →

短角牛のボロネーゼ　　デュクセル　　ジャガイモのピュレ

ラムのアダナケバブとクスクス

〈 材料 〉

ラムのアダナケバブのタネ
（77頁）…200g
クスクス…30g
塩…適量
E.V. オリーブオイル…適量
お湯…30g
ピーマン…1個
イタリアンパセリ…適量
アリッサ…小さじ1

〈 作り方 〉

❶ ボウルにクスクスと塩、E.V. オリーブオイルを入れてお湯をかけ、ひと混ぜしてラップ紙で包む。4分間ほど蒸らしたら混ぜ、塩と E.V. オリーブオイルで調味する。

❷ ラムのアダナケバブのタネを100gずつ金串にまとわせて棒状に成形し、炭火で焼く。

❸ ピーマンを半割にして炭火でさっとあぶる。

❹ 皿に①を敷いて③を盛り、②をのせる。きざんだイタリアンパセリを散らし、E.V. オリーブオイルをふってアリッサを添える。

仕込み
アイテム

ラムのアダナケバブのタネ

ラードと一緒に真空にかけて低温調理した鴨のコンフィは、
袋のまま冷蔵庫で長期保存が可能な、ワンオペビストロの定番

鴨のコンフィ マッシュポテト

〈 材料 〉
鴨のコンフィ（77頁）…1袋(1本)
ジャガイモのピュレ(75頁) …100g
生クリーム(乳脂肪分38%) …少量
E.V. オリーブオイル…適量
粗挽き黒コショウ…適量

〈 作り方 〉
❶ お湯を沸かした鍋に鴨のコンフィを袋ごと入れて
　温める。
❷ 袋をあけ、そのラード少量とオリーブオイルをフ
　ライパンに温め、鴨のコンフィを皮から焼く。皮
　がパリッと香ばしく焼けたら火を落とし、面を返
　して身側を温める。なお、袋に残ったラードは密
　閉容器に移し、鴨のコンフィを仕込む際に使う。
❸ 鍋にジャガイモのピュレと生クリームを入れて火
　にかけ、適度な柔らかさにする。
❹ 皿に③を敷いて②を盛り、E.V. オリーブオイルと
　粗挽き黒コショウをふる。

仕込み
アイテム

鴨のコンフィ　　　　ジャガイモのピュレ

下処理しておいた穴子を炭火で焼き、
冷たい焼きなすに重ねて、温冷の対比が楽しい魚料理に

穴子の白焼き 焼きなす

〈 材料 〉

穴子(75頁)…1袋(1尾)
白ワイン…適量
塩…適量
焼きなす(77頁)…1本分
E.V. オリーブオイル…適量
コラトゥーラ…適量
粗挽き黒コショウ…適量
ワサビ(すりおろし)…適量

〈 作り方 〉

❶ 冷蔵庫で解凍しておいた穴子を袋から出して串を打ち、
　身側にスプレーで白ワインをかけて塩をふる。炭火で
　焼いて切り分ける。

❷ 焼きなすは食べやすい大きさに切り、冷たいまま皿に
　盛る。E.V. オリーブオイルとコラトゥーラをかける。

❸ 焼きなすの上に①を盛り、E.V. オリーブオイルと粗挽
　き黒コショウをふってワサビを添える。

仕込み
アイテム

穴子　　　焼きなす

豚足とサルサヴェルデ

〈 材料 〉
豚足(76頁) …1袋
豚足のだしソース(76頁) …80g
サルサヴェルデ(76頁) …小さじ1
E.V.オリーブオイル…適量
粗挽き黒コショウ…適量
ゲランドの塩…適量

〈 作り方 〉
❶ お湯を沸かした鍋に冷凍した豚足を袋ごと入れ、温める。
❷ 袋から豚足を出し、炭火で焼く。
❸ 豚足のだしソースを鍋で温め、皿に敷く。②を盛って
　サルサヴェルデを添え、E.V.オリーブオイルと粗挽き
　黒コショウ、ゲランドの塩をふる。

仕込み
アイテム

豚足　　　豚足のだしソース　　サルサヴェルデ

オーダー数が読みづらい"玄人好み"の豚足料理も、
仕込んで冷凍しておけば、ロスの心配もなくオンメニュー

マグロ頬肉とカポナータ
バルサミコソース

〈 材料 〉
マグロ頬肉(78頁) …1袋(1枚)
E.V.オリーブオイル…適量
塩…適量
カポナータ(79頁) …180g
バルサミコソース(74頁) …適量
粗挽き黒コショウ…適量

〈 作り方 〉
❶ マグロ頬肉を袋ごと流水で解凍する。
❷ 袋から出して表面の水分をふき取り、E.V.オリーブ
　オイルを軽くまぶして塩をふる。炭火で焼く。
❸ カポナータは鍋に移して温める。
❹ バルサミコソースはソースパンに移して常温にもどす。
❺ ③を皿に盛って②をのせる。④をまわしかけ、E.V.オ
　リーブオイルと粗挽き黒コショウをふる。

マグロ頬肉　　カポナータ　　バルサミコソース

仕込み
アイテム

boat

ボート

東京・幡ヶ谷

オクラとモロヘイヤの胡麻和え

〈 材料 〉
オクラの地浸け（74頁）…4本
モロヘイヤの地浸け（74頁）…1/5パック分
太白ゴマ油…小さじ1
濃口醤油…小さじ1/2
黒ゴマ…大さじ2

〈 作り方 〉
❶ 地をきったオクラの地浸けとモロヘイヤの地浸けをボウルに合わせ、太白ゴマ油と濃口醤油を加えて和える。
❷ 黒ゴマをすり鉢ですり、①に加えて和える。
❸ 皿に盛り、②のすった黒ゴマをふる。

　　仕込み
アイテム

オクラの地浸け　　モロヘイヤの地浸け

食材を変えて定番で提供する和え物は、
季節感も表現できるスピードメニュー

太刀魚のフリットと万願寺とうがらしの炭火焼き

〈 材料 〉
太刀魚(77頁)…1袋(120g)
セモリナ粉…適量
炭酸水…適量
塩…適量
万願寺トウガラシ…2本
E.V. オリーブオイル…適量
グランドの塩…適量
ペコリーノ…適量

仕込み
アイテム

太刀魚

〈 作り方 〉
❶ 冷蔵庫で解凍しておいた太刀魚を袋から出し、表面の水分をペーパーでふきとる。
❷ セモリナ粉と炭酸水を1:2の割合で合わせて塩少量を加え、しっかりと混ぜて衣を作る。
❸ ①を②にくぐらせ、180℃の揚げ油でさっと揚げる。余分な油をきり、塩をふる。
❹ 万願寺トウガラシを炭火で焼く。
❺ ④を皿に盛ってE.V. オリーブオイルをまわしかけ、グランドの塩をふる。③を盛り、ペコリーノをふる。

小規模店での煮込み料理は、まとめて仕込んで
1皿分を袋に入れて真空・冷凍が便利

トリッパと白インゲン豆

〈 材料 〉
トリッパの煮込み(79頁) …1袋(150g)
白インゲン豆(75頁) …90g
ペコリーノ…適量
イタリアンパセリ…適量
粗挽き黒コショウ…適量

〈 作り方 〉
❶ お湯を沸かした鍋に冷凍したトリッパの煮込みを袋ごと入れ、温まったら中身を鍋に出す。
❷ 白インゲン豆を少量のゆで汁ごと①に加え、さっと炊く。
❸ 皿に盛り、ペコリーノときざんだイタリアンパセリ、粗挽き黒コショウをふる。

仕込み
アイテム

トリッパの煮込み　　白インゲン豆

イカスミのパスタ

〈 材料 〉
スパゲッティ…90g
ニンニクオイル…30g
イカスミソース（77頁）…90g
イカの端材＊…50g
＊イカの端材 イカをさばいた際に出る
軟骨やエンペラを細かくきざみ、50gず
つラップ紙で包んで冷凍保存したもの

〈 作り方 〉
❶ スパゲッティを塩湯で6分半ゆでる。
❷ フライパンにニンニクオイルを敷き、凍った
ままのイカスミソースとイカの端材、パスタ
のゆで汁を加えて火にかける。イカスミソー
スが溶け、イカの端材に火が通ったら①を入
れ、よく和える。
❸ 皿に盛り、ピンクペッパーを散らす。

仕込み
アイテム

イカスミソース

イカスミソースは製氷皿で冷凍し
ブロック状にしておけば、使いやすさもアップ

プリン

〈 材料 〉
プリン（79頁）…1個

〈 作り方 〉
プリンを型からはずして皿に盛る。

仕込み
アイテム

プリン

切って盛ってソースを流すだけ——。
シンプルで力強いビジュアルが目を引く
ビストロらしさ全開のデザート

イチジクとクランベリーの
ヌガーグラッセ

〈 材料 〉
ヌガーグラッセ(78頁) …50g
ブルーベリーソース(78頁) …30g

〈 作り方 〉
ヌガーグラッセを型からはずして切り出して皿に
盛り、ブルーベリーソースを流す。

仕込み
アイテム

ヌガーグラッセ

ブルーベリーソース

Genovese
Collo を追加
Caponata
Zeppolini
Salole 意識
フリ
ハヨゴ 掃除
Tiramisu

バジル

Na
あけキチー
(バンプリ
スッキニ
ナス

しめじ
生のり

生椎茸
ジンジャエール

オイル
ストラチャテラ
グリレム
油
プラナ
クリーム
バター
イタパセ

㊡ 牛乳

段取り

　日々の仕込みについては、まずは時間のかかるスープや煮込み料理、発酵時間が必要なパン、冷やさないと当日の営業で出せないデザートといった"大きな仕込み"から手をつけ、あとは必要に応じて「なくなりそうなものを作る」という流れが一般的だろう。仕込みの時間帯に関しては、本書の事例では大半が昼間だったが、夜の営業が落ち着いてから行なう「コントワール クアン」の例も。同店ではおおよそ22時以降を、その時にできる料理のみを出すバータイムとしており、その営業と並行して仕込み作業を進めるというわけだ。他には、客がまばらな早めの時間帯を利用して簡単な仕込みをするケースもあった。

　毎日の仕込み量に関しては、身体への負担や効率を考えてできるだけ作業量を均等にする料理人がいる一方で、予約の入っていない日を休みにし、その定休日を使って仕込む料理人も。自由に休みをとりやすいワンオペならではの仕込み術と言えるかもしれない。また、食材をうまくまわすべく、「一週間で使いきる量」を意識し、おおよその注文数を調べて、その予測をもとに料理ごとに仕込む量を調節している事例もあった。

　なお、自分以外にチェックする人がいないため、「忘れたら即アウト」となりがちなのが、ワンオペ営業の大きな弱点。仕込みが必要なものや発注すべきものは、メモに書き留めるなりして可視化し、一つひとつを確認しながら作業することで、ミスを未然に防ぎたい。

Craft Beer Kitchen

心の月

横浜・野毛

オーナーシェフ

田中 篤

1973年神奈川県生まれ。横浜中華街で料理人
として働いていた父親の紹介で、高校卒業後に
芝パークホテルの「北京」に入り、約29年間働
く。2021年3月に地元の横浜で独立開業。

1

ホテル出身&クラフトビール好きのシェフが
飲み屋街・野毛に開いた中華バル

横浜随一の飲み屋街として知られ、とくに休日ははしご酒をしに県外からわざわざ足を運ぶ人も多い野毛エリア。そのはずれにあるビルの2階に店を構える「Craft Beer Kitchen 心の月」は、クラフトビールをホテル仕込みの中国料理とともに楽しむことができる"中華バル"だ。

オーナーシェフの田中 篤さんは高校卒業後に芝パークホテル内の中国料理店「北京」に入り、29年間勤務。独立するつもりはなかったが、コロナ禍を機に一念発起し、2021年3月に地元の横浜で開業を果たした。もともとクラフトビールが好きだったという田中さん。普段からシュウマイなどと合わせて飲んでいたことから「クラフトビール×中華のバル」をコンセプトにした。「1人で小さなバーをやっている知合いも多いし、私自身も店を持つならワンオペでできるバー的な店を、と思っていました」

あくまでクラフトビールがメインのため、開業当初は今ほど料理も多くなかったが、お客のリクエストに応える形で、30品近くに。1つの仕込みアイテムを複数の料理に展開させることで、メニューを充実させている。例えば、鶏胸肉を使った蒸し鶏は、タレとの組合せにより「よだれ鶏」、「バンバンジー」、「ジンジャーチキン」、「蒸し鶏の青山椒と青ネギソース」、「蒸し鶏とパクチーのサラダ」の5品に展開。まとめて仕込んで冷凍保存する叉焼は辛み和えやチャーハンの具にする他、焼き立てをそのまま切って出すことも。豚の角煮は角煮丼の他、表面をカリッと揚げて黒酢の酢豚にアレンジする。

「小サイズのクラフトビール2杯と料理1品で2500円〜3000円」というのが当初の想定だったが、実際の使い方はさまざま。1杯だけ飲んでさっと次の店に向かう人や、逆に時間をかけて料理をしっかり味わう人も。「一気にお客さんが来て待たせてしまうこともありますが、『後でいいよ』なんて言ってくれて。飲みなれた方が多い野毛ならではだと思います」と田中さんは話す。

1 階段を上がったビルの2階に広がるカジュアルな店内。カウンター越しに田中さんが調理する様子を見ることができる。 2 厨房は2.5坪ほど。火口の1つはお湯を沸かした寸胴鍋が占めており、残り2つをうまく使って調理する。シンクも小さいため、営業中はまめに洗い物をする。 3 クラフトビールは6タップ。限定ものが大半で、およそ1週間で入れ替わる。 4「スタッフを雇うというのは、どうにも性に合わなくて」と話す田中さん。 5・6 京急本線・日ノ出町駅より徒歩2分ほど。居酒屋やスナック、バーなどが並ぶ通り沿いにある。

仕込みのポイント

✓ 仕込みアイテムの組合せで　さまざまなメニューに展開

1つの仕込みアイテムをいかに複数のメニューに展開できるかも、ストックスペースの限られる小さな店では重要だ。同店では鶏胸肉の「蒸し鶏」を、タレとの組合せにより「よだれ鶏」や「バンバンジー」など5品に展開。まとめて仕込んで冷凍保存する叉焼は前菜の他、チャーハンに。豚の角煮は角煮丼の他、表面をカリッと揚げてタレをからめて黒酢の酢豚に。

✓ 点心の他、麻婆豆腐の"肉味噌"まで　冷凍ストックし、無駄をなくし時短調理に

お酒好きが集まる横浜の野毛という土地柄もあり、とくに土日は「ふらっと寄って1杯と1品だけ」というお客も少なくない。注文も日によってバラつきが多く、予測しづらいため冷凍ストックを多用。シューマイや春巻き、ワンタンなどの点心はもちろんのこと、叉焼や角煮、カレー、さらには麻婆豆腐と麻婆茄子のベースとなる"肉味噌"もまとめて作って冷凍保存する。

✓ 開店直後の客がまばらな　時間帯を利用して、点心を包む

平日の営業は15時から。開店直後から込み合うことは少なく、余裕があるこの時間帯に点心を包むなど、簡単な仕込みを行なう。一方、14時にオープンする土日は、平日の倍ほどの客が来店するため営業に集中。状況に合わせて柔軟に仕込みをすることも、無理なくワンオペ店を続けるコツと言えるだろう。

Data

[店舗面積]	6.2坪（うち厨房2.5坪）
[席数]	カウンター7席、テーブル4席
[客単価]	3000〜3500円

Schedule
ある日のスケジュール

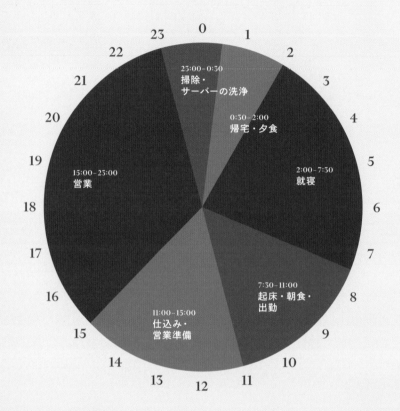

23:00-0:30
掃除・
サーバーの洗浄

0:30-2:00
帰宅・夕食

2:00-7:30
就寝

15:00-23:00
営業

11:00-15:00
仕込み・
営業準備

7:30-11:00
起床・朝食・
出勤

7:30-11:00
起床・朝食・出勤

起きたらシャワーを浴びて朝食をとる。店
で出すクラフトビールが切り替わる場合は、
新たなビールメニューをPCで作成してプ
リントアウト。それを持って10時半頃に家
を出る。野菜は出勤途中で買うことが多い。

11:00-15:00
仕込み・営業準備

コーヒーを飲んで一服し、仕込みをスター
ト。鶏がらスープや叉焼、角煮など時間の
かかる仕込みから順に、必要に応じて作業

を進める。ご飯は毎日炊き、余った場合は
冷凍保存。営業中にご飯がきれた際に「冷
凍でしたらご用意できますが」と声をかけ
た上で、電子レンジで解凍して提供する。

15:00-23:00
営業

火曜から金曜は15時営業開始。16時ま
では静かなことが多いため、この時間を利
用して簡単な仕込みをすることも。14時
のオープンから混み合うことも多い土日は、
仕込みを減らし、営業に集中する。とくに
早い時間帯は、同じ野毛で働く同業のお客
も多く、カウンター越しに情報交換も。

23:00-翌0:30
掃除・サーバーの洗浄

ビールサーバーの洗浄は営業後に毎日行な
う。掃除をしてレジ締めをし、肉やドリン
ク類の発注をして電車で帰宅。早く帰れる
日は店の近くで飲むこともあるが、家飲み
は基本しない。

0:30-2:00
帰宅・夕食

家に着くのは0時半頃。シャワーを浴びて
夕食をとり、2時頃に就寝。5時間は寝る
ようにしている。

POINT

1人でも楽しめる"中華バル"として、小さなサイズの料理を多く揃える

POINT

ピクルスやナッツの飴がけなど、盛るだけですぐに出せる酒のお供を常備する

POINT

カレーや角煮丼などのご飯ものも用意し、はしご酒をした後の"締め"にも対応

Menu
メニューについて

クラフトビールに好相性の
中華のつまみを小皿で提供

「クラフトビールと中華」をコンセプトに、6種類のクラフトビールと30種近い料理をラインナップ。1人でも気軽に楽しめるよう、小皿料理を豊富に揃える他、カレーや角煮丼、焼きそばといった締めの炭水化物も揃える。

POINT

限定ものが中心のクラフトビールは6タップ。1週間ほどで入れ替わる

週1回

週1回

よだれ鶏のタレ

〈 材料 〉

煎りゴマ…100g
豆板醤…80g
黒酢…200g
醤油…140g
砂糖…120g
ゴマ油…100g
酒…100g
トウガラシ粉…100g

〈 作り方 〉

材料をすべて合わせ、容器
に移して冷蔵保存する。

叉焼

〈 材料 〉

豚の肩ロース(塊)…2kg
タレ
　醤油…200g
　砂糖…600g
　五香粉…10g
　玫瑰露酒(ハマナスの酒)…40g
　甜麺醤…20g
　食紅…少量
　ニンニク(すりおろし)…2片
　ネギ(ぶつ切り)…少量
　ショウガ(ぶつ切り)…少量
ハチミツ…少量

〈 作り方 〉

❶ 豚の肩ロースを半分に切り、材料をすべて合わ
　せたタレに2日間漬ける。
❷ 肉を引き上げ、180℃のオーブンで30分間ほ
　ど焼く。焼き色と火の通りを確認し、大丈夫だっ
　たら網の上にのせて表面にハチミツを塗り、そ
　のまま冷ます。
❸ 半分に切ってラップ紙で包み、冷凍保存する。

肉味噌

3〜4日に
1回

〈 材料 〉

豚の挽き肉…200g
ネギ(みじん切り)
…少量
ショウガ(みじん切り)
…少量
豆板醤…少量
甜麺醤…60g
醤油…24g
酒…少量
ゴマ油…少量

〈 作り方 〉

❶ 豚の挽き肉を炒めたところにネギとショウガ、
　豆板醤を加えてパラパラになるまで炒める。
❷ 甜麺醤を加えて軽く炒め、醤油と酒を入れ、
　仕上げにゴマ油を加える。
❸ 粗熱をとったら冷凍庫に入れる。冷えると固
　まるので、一度冷凍庫から出して包丁を入れ、
　バラバラにする。密閉容器で冷凍保存する。

バンバンジーの
タレのベース

10日に1回

〈 材料 〉

練りゴマ…100g
砂糖…50g
醤油…34g
酢…14g

〈 作り方 〉

材料をすべて合わせ、容器
に移して冷蔵保存する。

青山椒と
青ネギソース

4～5日に
1回

〈 材料 〉

万能ネギ…100g
ショウガ…20g
青山椒(粒)…2g
サラダ油…100g
塩…4g
砂糖…4g
うま味調味料…少量

〈 作り方 〉

材料をすべて合わせてミ
キサーにかけ、容器に入
れて冷蔵保存する。

4～5日に
1回

シュウマイ

〈 材料 〉

(60個分)
豚の挽き肉…1kg
コショウ…適量
A 醤油…80g
酒…10g
砂糖…10g
ゴマ油…適量
タマネギ(みじん切り)…650g
片栗粉…適量
シュウマイの皮…60枚

〈 作り方 〉

❶ 豚の挽き肉にコショウを加え、よく練る。粘
りが出たらAを加えてさらに練る。
❷ ①にタマネギのみじん切りと片栗粉を加えて
練り、餡とする。
❸ 35gずつ取ってシュウマイの皮で包む。バッ
トに並べて冷凍庫に入れ、冷凍したら密閉袋
に移して冷凍保存する。

週1回

ジンジャーチキンのタレ

〈 材料 〉

ショウガ(すりおろし)…210g
ニンニク(すりおろし)…60g
ネギ(みじん切り)…21g
サラダ油…150g
塩…6g
砂糖…6g
うま味調味料…少量

〈 作り方 〉

❶ 鍋にショウガとニンニクのすりおろし、ネギのみじ
ん切りとサラダ油を入れて火にかける。
❷ ポコポコと沸いてきたら塩と砂糖、うま味調味料を
加え、焦がさないよう弱火でかき混ぜながら炊く。
❸ 火から下して氷水に当てて冷まし、容器に入れて冷
蔵保存する。

蒸し鶏

〈 材料 〉

鶏の胸肉…2枚
お湯…3ℓ
塩…適量
コショウ…適量
酒…適量

2～3日に
1回

〈 作り方 〉

❶ 鍋にお湯を沸かし、火を止める。鶏の胸
肉を入れ、熱が逃げないように鍋にラッ
プ紙をかぶせて、さらに蓋をして26分
間そのままおく。
❷ 塩とコショウ、酒を加えて調味し、鍋ご
と氷水に当てて冷やす。
❸ 煮汁ごと密閉容器に移し、冷蔵保存する。

5日に1回

エビマヨダレ

〈 材料 〉
マヨネーズ…1kg
コンデンスミルク…400g
塩…少量
コショウ…少量
レモン果汁…60g

〈 作り方 〉
材料をすべて合わせて密閉
容器に入れ、冷蔵保存する。

週1回

豚の角煮

〈 材料 〉
豚のバラ肉(塊)…2kg
ゆで汁…1440㎖
醤油…320g
ミリン…640g
ネギ…少量
ショウガ…少量
八角…20個

〈 作り方 〉
❶ 豚のバラ肉を適宜に切り、たっぷりのお湯
　で1時間半ゆでる。
❷ 鍋に①のゆで汁1440㎖と他の材料をすべ
　て加え、①の肉を30分間煮る。
❸ 鍋を氷水に当てて粗熱をとり、さらに冷蔵
　庫で冷ます。冷めたら肉を3～4㎝角に切
　り分け、漉した煮汁とともに密閉容器に小
　分けにして入れ、冷凍保存する。なお、当
　日使う分は営業前に鍋に移して火にかけて
　解凍し、冷蔵庫で保存しておく。

3日に1回

ワンタン

〈 材料 〉
(約100個分)
豚の挽き肉…500g
コショウ…少量
A {
ネギ(みじん切り)
…30g
ショウガ(みじん切り)
…30g
醤油…25g
砂糖…10g
ゴマ油…適量
酒…適量
}
ワンタンの皮…適量

〈 作り方 〉
❶ 豚の挽き肉にコショウを加え、よく練
　る。粘りが出たらAをくわえてさらにAを加えてさらに
　粘りが出るまで練る。ゴマ油と酒の量
　で硬さを調整し、餡とする。
❷ 7gずつ取ってワンタンの皮で包む。
　バットに並べて冷凍庫に入れ、冷凍し
　たら密閉容器に移して冷凍保存する。

エビ

エビは殻を取って掃除し、さっと
水で洗って12尾ずつ密閉袋に入れ
て冷凍保存。10日～2週間に1回の
頻度で、1度に140尾ほどを仕込む。
当日使う分は営業前に解凍しておく。

10日に1回

ココナッツカレーのベース

〈 材料 〉
鶏の胸肉…2枚
ショウガ(すりおろし)…10g
ニンニク(すりおろし)…10g
タマネギ(みじん切り)…600g
A {
牛乳…1ℓ
ココナッツミルク…400㎖
カレー粉…14g
ナンプラー…適量
トウガラシ粉…2本分
}

〈 作り方 〉
❶ ショウガとニンニクのすりおろしをたっぷり
　のサラダ油(分量外)で炒め、香りが出たらタ
　マネギのみじん切りを加えて色が変わるまで
　よく炒める。
❷ Aの材料をすべて加えて火にかける。
❸ 一口大に切った鶏の胸肉を油で炒め、②に加
　える。とろみがつくまで20分間ほど煮込む。
❹ 氷水に当てて冷やし、1人分250gずつ密閉
　袋に入れ、冷凍保存する。

葱と叉焼の
辛み和え

〈 材料 〉
叉焼(98頁)…20g
ネギ(細切り)…20g
パクチー（きざむ）…10g
醤油…少量
酒…少量
辣油…少量
ゴマ油…少量
うま味調味料…少量

〈 作り方 〉
❶ 叉焼をラップ紙をしたまま電子レンジ
　の解凍モードにかける。完全には解凍
　せず、様子を見ながら端の部分が柔ら
　かくなったようなら取り出してその部
　分を切り出し、細切りにする。残った
　叉焼は再びラップ紙で包んで冷凍保存
　する。
❷ ①と他の材料すべてをボウルに合わせ
　て和え、皿に盛る。

仕込み
アイテム

叉焼

冷凍保存した叉焼を電子レンジで半解凍。
柔らかくなった端の部分を切り出して和え物に

ナッツの飴だき
中華風ピクルス

皿に盛るだけでさっと出せるつまみは、ワ
ンオペ営業ならいくつか用意しておきたい。
カシューナッツとピーナッツを使った飴炊
きは、3日に1回ほど仕込んで容器で保存。
乳酸発酵させた野菜のピクルスは2〜3週
間に一度の頻度で仕込んでいる。

蒸し鶏と
パクチーの
サラダ

ジンジャーチキン

蒸し鶏の
青山椒と
青ネギソース

よだれ鶏

バンバンジー

スープに浸して冷蔵保存する蒸し鶏と
常備ソースや自家製ダレを組み合わせれば、
メニューのバリエーションは無限大

蒸し鶏と
パクチーのサラダ

〈 材料 〉
蒸し鶏（99頁）…30g
パクチー（きざむ）…30g
塩…1つまみ
うま味調味料…少量
青山椒（粉末）…1つまみ
ゴマ油…少量
酒…少量

〈 作り方 〉
蒸し鶏を細切りにし、ボウルに他の材料と
合わせて和え、皿に盛る。

蒸し鶏の
青山椒と青ネギソース

〈 材料 〉
キュウリ…1/3本
A 塩…適量
酒…適量
ゴマ油…適量
うま味調味料…適量
蒸し鶏（99頁）…40g
青山椒の青ネギソース（99頁）…30g

〈 作り方 〉
❶ キュウリを叩き、斜めに切ってAの材料
  で和え、皿に盛る。
❷ 蒸し鶏をスライスして①に重ね、青山椒
  の青ネギソースをかける。

ジンジャーチキン

〈 材料 〉
キュウリ…1/3本
A 塩…適量
酒…適量
ゴマ油…適量
うま味調味料…適量
蒸し鶏（99頁）…40g
ジンジャーチキンのタレ（99頁）…30g
万能ネギ（小口切り）…適量

〈 作り方 〉
❶ キュウリを叩き、斜めに切ってAの材料
  で和え、皿に盛る。
❷ 蒸し鶏をスライスして①に重ね、ジン
  ジャーチキンのタレをかけて万能ネギを
  のせる。

バンバンジー

〈 材料 〉
バンバンジーのタレのベース（98頁）…20g
A 酒…少量
辣油…少量
ゴマ油…少量
ネギ（みじん切り）…少量
ショウガ（みじん切り）…少量
キュウリ（細切り）…1/3本
蒸し鶏（99頁）…40g
万能ネギ（小口切り）…適量

〈 作り方 〉
❶ バンバンジーのタレのベースにAの材料
  をすべて合わせる。
❷ キュウリを細切りにして皿に盛り、細切
  りにした蒸し鶏を重ねる。①をかけて万
  能ネギをのせる。

よだれ鶏

〈 材料 〉
キュウリ…1/3本
A 塩…適量
酒…適量
ゴマ油…適量
うま味調味料…適量
蒸し鶏（99頁）…40g
よだれ鶏のタレ（98頁）…25g
万能ネギ（小口切り）…適量

〈 作り方 〉
❶ キュウリを叩き、斜めに切ってAの材料
  で和え、皿に盛る。
❷ 蒸し鶏を一口大に切って①に重ね、よだ
  れ鶏のタレをかけて万能ネギをのせる。

仕込み
アイテム

❶バンバンジーのタレのベース　❷よだれ鶏のタレ
❸青山椒と青ネギソース　❹ジンジャーチキンのタレ

蒸し鶏

エビマヨ

〈 材料 〉

エビ(100頁)…6尾　　エビマヨダレ(100頁)
卵白…少量　　　　　　…15g
塩…少量　　　　　　　ミズナ(きざむ)
片栗粉…少量　　　　　…適量
衣

　片栗粉…適量
　全卵…適量
　サラダ油…適量

〈 作り方 〉

❶ 当日の営業用に冷蔵庫で解凍してお
　いたエビに、卵白と塩を粘りが出る
　まで揉み込み、片栗粉をまぶす。
❷ 材料を合わせておいた衣を①にまぶ
　して揚げ油で揚げる。
❸ エビを引き上げ、粗熱をとってから
　エビマヨダレをからめる。
❹ ミズナを敷いた皿に盛り、上からエ
　ビマヨダレをかける。

仕込み
アイテム

エビ　　　エビマヨダレ

醤で炒めた肉味噌を冷凍ストックしておけば、
四川風の麻婆豆腐も麻婆茄子もスピーディーに提供可能

旨辛麻婆豆腐

〈 材料 〉

豆腐…1丁
ニンニク(みじん切り)…少量
豆板醤…適量
肉味噌(98頁)…20g

A
鶏がらスープ…130ml
うま味調味料…1つまみ
醤油…3g
中国たまり醤油…適量
酒…少量

万能ネギ…10g
ネギ(みじん切り)…少量
ショウガ(みじん切り)…少量
水溶き片栗粉…少量
ゴマ油…適量
辣油…適量
青山椒(粉)…適量

〈 作り方 〉

❶ 豆腐を切って、ゆでておく。

❷ 鍋にサラダ油を熱し、ニンニクのみじん切り、豆板醤を香りが出るまで炒め、肉味噌を加えてさらに炒める。

❸ ②にAの材料を加え、①と適宜に切った万能ネギ、ネギとショウガのみじん切りを入れる。沸いたら水溶き片栗粉でとろみをつけ、ゴマ油と辣油を加えて仕上げる。

❹ 皿に盛り、青山椒をふる。

仕込み
アイテム

肉味噌

スープに浸けて冷凍保存する豚の角煮は
角煮丼の他、黒酢の酢豚にもアレンジ

豚角煮丼

〈 材料 〉

豚の角煮(100頁)…1個
水溶き片栗粉…少量
卵…1個
ご飯…180g
コマツナ…適量

〈 作り方 〉

❶ 豚の角煮を煮汁ごと鍋に入れて温める。
　味を確認して適宜煮汁を調味し、水溶き
　片栗粉でとろみをつけてタレとする。

❷ 200℃の揚げ油で卵を揚げる。

❸ 皿にご飯をよそい、ゆでて塩とゴマ油、
　酒(すべて分量外)で調味しておいたコマ
　ツナ、①、②を盛ってタレをかける。

仕込み
アイテム

豚の角煮

ワンタンスープ

〈 材料 〉
ワンタン(100頁)…6個
鶏がらスープ…320㎖
醤油…3g
塩…少量
コショウ…少量
酒…少量
ネギ(せん切り)…適量
万能ネギ(小口切り)…適量

〈 作り方 〉
❶ 冷凍のワンタンをゆでる。
❷ 鶏がらスープを温め、醤油と塩、コショウ、酒で調味する。
❸ 器にネギと万能ネギ、①を入れ、②を注ぐ。

仕込み
アイテム

ワンタン

一度に100個を仕込んで冷凍するワンタンは、
スープの他、よだれ鶏のタレをかけた「よだれワンタン」にも

四角い黒酢豚

豚の角煮をカリッと香ばしく揚げ、たっぷりの黒酢ソースをからめて酢豚に。野菜は添え物の青菜のみで、その潔いビジュアルもインパクト大。1個から注文できる同店の看板メニューだ。

仕込み
アイテム

豚の角煮

レストラン版の"レトルトカレー"は、
仕上げにフライドエッグをのせるひと手間がポイント

チキンと茄子のココナッツカレー

〈 材料 〉
ココナッツカレーのベース(100頁)
…1袋(250 g)
鶏がらスープ…適量
ナス(乱切り)…6切れ
卵…1個
ご飯…180g
パクチー(きざむ)…適量

〈 作り方 〉
❶ ココナッツカレーのベースを袋の上から手でパキパキと
　割り、中身を耐熱皿に出して電子レンジで解凍する。
❷ 鍋に移し、鶏がらスープを足して火にかける。
❸ ナスを180℃の揚げ油で素揚げし、②に加えて煮る。
❹ 200℃の揚げ油で卵を揚げる。
❺ 皿にご飯をよそって③をかける。④とパクチーをのせる。

仕込み
アイテム

ココナッツカレー
のベース

特製シュウマイ パクチー添え

〈 材料 〉
シュウマイ（99頁）…2個
パクチー（きざむ）…適量
塩…少量
酒…少量
ゴマ油…少量

〈 作り方 〉
❶ シュウマイを冷凍のまま12分間蒸す。
❷ パクチーを塩と酒とゴマ油で和える。
❸ ①と②を皿に盛る。

仕込み
アイテム

シュウマイ

まとめて仕込み、冷凍保存が可能な点心類は
ワンオペ中華の必須アイテム

常備
アイテム

　ソースやタレなど、汎用性の高い常備アイテムを幾つか用意しておくと、味つけのバリエーションが広がるとともに、営業時の時短につながる。お客の好みや注文した料理に合わせて、即興的に味つけを変えることも簡単だ。「コントワール クアン」では、ミキサーにかけたリンゴやタマネギにミリンと酒、醤油を合わせた、その名も「無敵ソース」を常備。野菜をマリネしたり、魚のソテーにかけたり、和風ハンバーグのソースにしたりと、さまざまな料理に活用している。また、本書では発酵トウモロコシや塩スダチが登場するが、そうした発酵アイテムを長期保存が可能な自家製調味料として常備するのも手だろう。発酵調味料は少量使うだけでも風味や旨みを劇的に強めることができ、その店ならではのオリジナリティも表現できるため、ジャンルを問わず挑戦する料理人が増えている。メイン食材の付合せを常備している店も多く、「ボート」では、ナスやズッキーニをオーブンで焼いて煮込んだ「カポナータ」を。「ニューディー」では、タマネギを皮ごとアルミホイルで包んでオーブンで1時間焼いた「タマネギのロースト」を常備。それぞれ、ア・ラ・ミニッツで焼き上げるマグロ頬肉の炭火焼きと、和牛イチボのローストの付合せにすることで、一皿の料理としての完成度、そしてお客の満足感を高めている。なお、酒のつまみになる常備菜をいくつか用意しておけば、料理の間が空いた時などにさっと出すことも。人手がなく、不測の事態に対応しづらいワンオペ営業では、とくに心強い存在と言えるだろう。

gnudi

ニューディー

東京・外苑前

オーナーシェフ

藤生拓実

1991年オーストラリア生まれ、東京育ち。大学卒業後、
会社員を経て飲食の世界に入り、バルや和食店で料理
とワインの基礎を学ぶ。27歳でイタリア料理を志し、
食べ歩く中で感動した「ルリイロ」、系列の「ドゥエコ
ローリ」で働き、「エピイロ」では店長を務める。同店
を譲り受ける形で2022年7月に独立開業。

1

東京都渋谷区神宮前３ー４１ー２岡本ビル１階　☎03ー6438ー9392

最大20席のワンオペイタリアンは、
テラスやスタンディングも連日盛況

東京メトロ・外苑前駅から徒歩６分ほど。キラー通りを１本入ったところに店を構える「ニューディー」は、通りに面したテラス席や店内のスタンディング席も連日にぎわう、イタリア料理と自然派ワインをコンセプトにした店だ。あくまで自然体で、料理とサービスの両方をきびきびとこなすのは、オーナーシェフの藤生拓実さん。バルや和食店で働いた後、もともと好きだったイタリア料理を本格的に学ぶべく、食べ歩きをした中で出合った池尻大橋の「ルリイロ」へ。系列の「エビイロ」で店長を務めた際、コロナ禍の影響もあってワンオペ営業を経験し、自信を深めたことで、ワンオペでの開業を考えるように。独立の意思をオーナーに伝えたところ、「この場所を買い取って店を続けてみては」と提案され、破格の条件で譲り受け、2022年７月にオープンした。

常時30品ほどを揃える料理は、お酒が進む「気持ち濃い目」の味つけを意識する。「イタリア料理の魅力って、繊細さより、ストレートなおいしさだと思っていて。一口目から『おいしい！』と感じてもらえたほうが、記憶にも残る。あくまでうちは酒場ですから」

ワンオペ営業のメリットの１つに「仕込みから仕上げまですべて自分１人で行なうことで、味がぶれないこと」を挙げる藤生さん。スムーズに店をまわすために重要な前菜は、冷・温ともにほぼすべての料理を６分以内に仕上げられるよう、しっかり仕込みをした上で、完成までの手数を４つ以内に留めている。一方で「和牛イチボのロースト」など、注文を受けてから肉に塩をふり、オーブンへの出し入れをくり返しながら１時間ほどかけて仕上げる料理も。「パスタも乾麺だけじゃなく、手打ちをはじめました。同業の知合いからは呆れられますが、ちょっと無理するくらいが好きなんです。『あのシェフ、ワンオペなのにすごいな』なんて言われたらうれしいですね」と藤生さんは笑う。

1・2 店内は入って左にテーブル席、右に厨房を囲むカウンターとスタンディングという構成。ストックスペースを増やすべく、収納式のベンチシートを設けた。　**3** ワインリストは作らず、好みを聞いてセレクトするスタイル。ボトルには生産者や産地、特徴、価格などを書いたメモを貼り付けている。カウンター上の厨房側には、これまで提供したワインのメモがずらり。　**4** テーマカラーのブルーグリーンが映える外観。通りに面したテラス席を希望する常連客も多い。　**5** 子供が生まれたことで独立を躊躇していた藤生さんだが、妻の後押しもあって踏み切ったそう。

仕込みのポイント

✓ 2〜3日後の作業を考えて段取りを組み、毎日の仕事量をフラットにする

例えばカポナータを仕込む際は、「明後日に煮込みたいから、明日は野菜をまとめて切っておこう」など、常に2〜3日後の作業を考えて段取りを組み、毎日の仕事量が同じくらいになるように意識している。効率的に仕込むことは、メニューの充実だけでなく、健康で長く店を続ける上でも重要だ。

✓ 処理した魚は空気に触れないようサラダ油に浸けて保存性をアップ

オイル漬けにして空気に触れないようにすることで、食材の保存性は上がる。「イワシのマリネ」は白ワインヴィネガーでマリネ後に、サラダ油に浸して冷蔵保存。スモークサーモンもサラダ油に浸けて冷蔵保存しているが、その際にバジルの枝とオレンジの皮を加えて風味をつけ、店の個性も打ち出す。

✓ 1週間で使いきる量を意識し、常に最高の状態で提供する

せっかく料理を仕込んでも、当然だが出なければ無駄になるし、冷蔵庫のスペースにも限りがあるもの。そのため藤生さんは「1週間で使いきる量」を意識。連日満席を続け、その間の注文数を調べることで、今ではある程度の予測が立つように。その予測をもとに料理ごとに仕込む量を調節している。

Data

[店舗面積]	6.9坪（うち厨房2.5坪）
[席数]	カウンター2席、テーブル8席、
	スタンディング2〜3席、
	テラス最大8席
[客単価]	7000円

Schedule
ある日のスケジュール

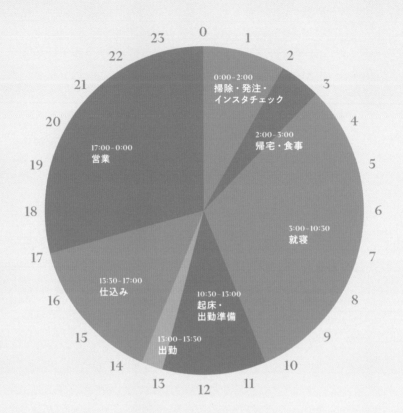

0:00-2:00
掃除・発注・
インスタチェック

2:00-3:00
帰宅・食事

3:00-10:30
就寝

10:30-13:00
起床・
出勤準備

13:00-13:30
出勤

13:30-17:00
仕込み

17:00-0:00
営業

10:30-13:00
起床・出勤準備

起床したら顔を洗って身だしなみを整える。曰く「低血圧なので朝は頭が働かない」そう。のんびりと出勤の準備をし、自転車で店に向かう。仕入れは業者からの配送が中心で、出勤途中のこまごました買い出しは週2回ほど。

13:00-13:30
出勤

店に着いたらコーヒーを淹れてひと息つく。なお、15時オープンの土曜日は12時過ぎに出勤。日曜と月曜が定休日ということもあり、できるだけ仕込みはせずに当日の営業に注力する。

13:30-17:00
仕込み

2〜3日後の作業を想定しながら、前夜の

メモに沿って仕込みをスタート。休憩は挟まず仕込みに集中する。営業中は常に寸胴鍋にお湯を沸かしておくが、沸くのに30分ほどかかるので、営業時間から逆算して火にかけておく。また、バースデープレートを用意する日は、営業直前に作ってワインセラーに入れておく。

17:00-翌0:00
営業

営業中は「音」にも注意する。例えば「次、何頼もうか？」という声が聞こえたり、メニューをめくる音がしたら、調理中でもそちらを意識。自ら目線を合わせ、「すみません」と声がかかる前に注文をとることを心がけている。

0:00-2:00
掃除・発注・インスタチェック

0時閉店だが、地元の常連客も多く、その

まま盛り上がることも。お客がすべて帰ったら片づけやレジ締めを行ない、翌日以降の発注や仕込みをメモにまとめる。また、Instagram経由で入る予約をチェックし、DMに返信。「目覚めがいい時は朝、あとは営業前にもチェックしますが、すぐにDMがたまってしまい、返信するだけでもけっこう時間がかかります」

2:00-3:00
帰宅・食事・就寝

店から自宅までの間でラーメンや牛丼を食べることが多いが、店で作ったものを持ち帰って自宅で食べることも。帰宅後はすぐに風呂に入り、スマホをいじって1時間ほどのんびりすごす。

POINT

1人客には、「前菜盛り合わせ」などメニューによって量の調整が可能なことを伝える

POINT

ボタン一つでフライヤー調理できる揚げ物を豊富に揃え、前菜盛合せにも組み込む

POINT

締めに人気のパスタは7種類超。イタリア料理店としての質を高めるべく、手打ちもスタート

POINT

自然派ワインが主軸だが、レモンサワーやハイボール、ノンアルも揃えて間口を広げる

Menu
メニューについて

通年提供する定番をベースに、季節料理を月2〜3品組み替える

前菜20品弱、パスタ7〜8品、メインの肉料理2品、デザート2品で構成。通年提供する定番を軸に、季節を意識した品を月に2〜3品組み替える。「お酒が飲めない人にも来てほしい」とソフトドリンクも充実させる。

3〜4日に
1回

スモークサーモン

〈 材料 〉

スモークサーモン
(冷凍。市販品) …500g
バジルの枝…適量
オレンジの皮…適量
サラダ油…適量

〈 作り方 〉

❶ 解凍したスモークサーモンを密閉容
器に並べ、バジルの枝とオレンジの
皮をのせてサラダ油を注ぐ。

❷ ①にさらにスモークサーモンを重ね、
バジルの枝とオレンジの皮をのせ、
サラダ油を注いで冷蔵庫で保存する。

カポナータ

〈 材料 〉

タマネギ…1個	ナス…4本
セロリ…2本	ローリエ…適量
オリーブ…20個	ニンニク…6片
ケッパー…適量	タマネギ(みじん切り)…1個分
仔牛の胸腺肉…200g	赤ワインヴィネガー…適量
パプリカ(赤)…1個	トマトペースト…150g
パプリカ(黄)…1個	トマトソース(121頁)…150g
ズッキーニ…2本	グラニュー糖…30g

〈 作り方 〉

❶ 小角に切ったタマネギとセロリ、種を取ったオリーブ、ケッ
パーにお湯をかけ、軽く火を通すとともに臭みを取る。

❷ 仔牛の胸腺肉を一口大に切り、塩とコショウ(ともに分量外)
をまぶして素揚げする。

❸ 2色のパプリカとズッキーニ、ナスを小角に切り、素揚げす
る。なお、ナスは揚げる前に塩揉みしておく。

❹ 鍋にたっぷりのオリーブオイルとローリエ、つぶしたニンニ
クを入れて弱火にかける。

❺ ④にタマネギのみじん切りを加えて炒める。透き通ってきた
ら①と②を加え、強火で炒める。

❻ ⑤に赤ワインヴィネガーをまわし入れて酸味をとばし、あら
かじめ合わせておいたトマトペーストとトマトソース、グラ
ニュー糖を加えて煮る。沸騰したら火を止めて③を合わせる。

❼ ⑥をバットに移し、氷水に当てて急冷する。冷めたら密閉容
器に入れて冷蔵保存する。

週1回

キャロットラペ

〈 材料 〉

ニンジン…1.2kg
粒マスタード…適量
シェリーヴィネガー…適量
マーマレード…適量
クミンパウダー…適量
キャラウェイシード(きざむ)
…適量

〈 作り方 〉

❶ ニンジンの皮をむき、スライサーでせん切りにする。水
に浸けてしばらくおき、水を捨てることを3回ほど行な
う。水にニンジンの色が出なくなり、臭みが抜けたら完了。

❷ ザルに上げて水気をきり、塩(分量外)で揉んで出てきた
水分を捨てる。

❸ ②と他の材料をすべて合わせて揉み込み、密閉容器で冷
蔵保存する。

紫キャベツの
マリネ

週1回

〈 材料 〉

紫キャベツ(大)…1玉
塩…適量
コブミカンの葉…適量
魚醤…適量
赤ワインヴィネガー…適量
ハチミツ…適量

〈 作り方 〉

❶ 紫キャベツを包丁でせん切りにする。塩とコブミカンの
葉をまぶして揉む。出てきた水分は捨てず、そのまま使う。

❷ ①と魚醤、赤ワインヴィネガー、ハチミツを合わせて揉
み込み、密閉容器で冷蔵保存する。

イワシのマリネ

〈 材料 〉

イワシ…4尾
塩…適量
マリネ液
　白ワインヴィネガー…適量
　ニンニク…1片
　タカノツメ…1本
　ローリエ…適量
オレガノパウダー…適量
ディル…適量
レモン果汁…適量
サラダ油…適量

週1〜2回

〈 作り方 〉

❶ イワシを手開きにして骨を取る。身側に塩をふって1時間おき、出てきた水分をふき取って皮を引く。

❷ マリネ液を作る。鍋に白ワインヴィネガーとつぶしたニンニク、タカノツメ、ローリエを入れて火にかける。沸いたら弱火にし、2分間経ったら火を止める。氷水に当てて冷ます。

❸ ①を②のマリネ液で30分間マリネする。

❹ ③からイワシを引き上げ、密閉容器に移してオレガノパウダーをふってディルを入れる。レモン果汁を絞ってそのまま入れる。

❺ ④にサラダ油をひたひたに注いで冷蔵保存する。

パネッレの生地

〈 材料 〉

ヒヨコマメ(粉末)…200g
水…800g
岩塩…1つまみ
イタリアンパセリ…適量
クミンパウダー…適量

週1回

〈 作り方 〉

❶ ヒヨコマメ(粉末)と水、岩塩をボウルで混ぜる。

❷ 鍋に移し、強火にかける。とろみが出てきたら弱火にし、一定方向にかき混ぜる。

❸ さらにとろみが出たらきざんだイタリアンパセリ、クミンパウダーを入れ、かき混ぜ続ける。

❹ 理想の粘度になったらバットに流し、表面を平らにならす。粗熱をとって冷蔵庫に入れる。

❺ 固まったら48等分の三角形に切り分け、出てきた水分を吸収するようキッチンペーパーを挟んで密閉容器に重ねて入れる。冷蔵庫で保存する。

トウモロコシ
クリーム

〈 材料 〉

トウモロコシ…4本
タマネギ…3個
エストラゴン 1/2パック
生クリーム(乳脂肪分38%)…100g
白コショウ…適量
バター…30g
塩…適量
バニラエッセンス…2滴

3週間に
1回

〈 作り方 〉

❶ バター(分量外)を塗ったトウモロコシを直火で焼き、焦げ目がついたら醤油(分量外)を塗りながら焼く。実を削ぎ、芯からはずす。

❷ ①の芯を鍋に入れ、水をひたひたに注いで火にかける。30分間煮出して漉し、トウモロコシのだしをとる。

❸ タマネギをごく薄く切って鍋に入れる。色づかないよう弱火にして蓋をし、蒸し煮にする。

❹ くたくたの状態になったら①のトウモロコシの実を入れて軽く炒め合わせ、②のだしをひたひたに注ぎ(およそ1ℓ)、エストラゴンの葉を入れる。トウモロコシが手でつぶせるくらい柔らかくなるまで煮る。

❺ 生クリームを注ぎ、白コショウとバターを加える。味をみて必要なら塩で調味し、バニラエッセンスを落とす。

❻ ミキサーで撹拌し、ボウルに入れて氷水を当てて冷やす。小分けにして袋に入れ、真空にかけて冷凍保存する。なお、使う際は生クリームでのばすため、この段階ではぼってりとしたテクスチャーとする。

タリアテッレ

〈 材料 〉

(8皿分)
00粉…350g
セモリナ粉…150g
塩…10g
全卵…5個

週1回

〈 作り方 〉

❶ 00粉とセモリナ粉、塩を合わせておき、全卵を加えて15分間こねる。

❷ ラップ紙で包んで冷蔵庫で一晩ねかせる。

❸ 翌日にパスタマシンでのばし、軽く乾燥させてからカットする。約90gずつに分けて袋に入れ、冷凍保存する。

ローストビーフ

〈 材料 〉
牛のイチボ…1kg
塩…肉の重量の1%
砂糖…肉の重量の0.5%
ローズマリー…1枝

〈 作り方 〉
❶ 牛のイチボをタコ糸で縛り、塩と砂糖をもみ込む。
❷ 鉄製フライパンで①の6面をローズマリーと一緒に
　焼き、180℃のオーブンに10分間入れては20分間
　やすませることをくり返し、火を入れる。
❸ オーブンから出してアルミホイルを2重にして包み、
　粗熱がとれたら冷蔵庫に入れて一晩やすませる。
❹ 翌日にアルミホイルを取ってタコ糸をはずし、ラッ
　プ紙で包む。冷蔵庫で保存する。

週1回

やるべき仕込みや発注、買い出
しの必要のあるものを営業後に
メモにまとめる。

タマネギのロースト

〈 材料 〉
タマネギ…4個

〈 作り方 〉
❶ タマネギを皮ごとアルミホイルで包
　み、バットに並べて少量の水を注ぎ、
　250℃のオーブンで1時間焼く。
❷ ①を冷ましてアルミホイルをはずし、
　半分に切る。密閉容器に入れて冷蔵
　保存する。

2日に1回

レバームース

〈 材料 〉
鶏レバー…350〜400g
生クリーム
(乳脂肪分38%)…180g

A ┌ 塩…8g
　│ メープルシロップ…7g
　│ 白ポルト…30g
　│ 粗挽き白コショウ…1g
　│ キャトルエピス…1g
　│ 卵黄…2個分
　└ 全卵…1個分
バター…25g
ラード…50g
板ゼラチン…1/2枚

2〜3週間に
1回

〈 作り方 〉
❶ 掃除した鶏レバーと生クリームを合わせてミキサーにかける。
❷ ①にAの材料を加えて撹拌する。最後にポマード状にしたバ
　ターとラードを加え混ぜ、漉す。
❸ ②をバットに流し、中にタオルを敷いたひと回り大きなバット
　に重ね入れ、大きなバットとの隙間にお湯を注ぐ。
❹ 150℃のオーブンで湯煎焼きにする。20〜25分間焼いたら確
　認して全体をかき混ぜ、さらに20分ほど焼いて確認し、最後
　はおよそ5分ごとに状態を確認して火を入れる。
❺ 適度な濃度になったらオーブンから出し、水でふやかした板ゼ
　ラチンを加えてミキサーにかける。
❻ ⑤をバットに流して氷水に当てて急冷する。袋に入れて真空に
　かけ、冷蔵庫で保存する。

2日に1回

唐揚げの衣

〈 材料 〉
薄力粉…200g
ビール…300g
イースト…3g

〈 作り方 〉
材料をすべてボウルに合
わせて冷蔵庫で保存する。
営業前に行ない、軽く発
酵させたものを使う。

ニョッキ

〈 材料 〉
ジャガイモ…1.2kg
バター…60g
全卵…1～2個
薄力粉…400g
塩…適量
ナツメグパウダー…適量
グラナ・パダーノ（粉末）
…60～100g

〈 作り方 〉
1. ジャガイモを丸ごと皮付きのまま水からゆでる。強火にかけ、沸いたら弱火にして竹串がすっと通る一歩手前でお湯を捨て、熱々のうちに皮をむく。
2. ①を裏漉しして、バターを入れたボウルに合わせる。溶いた全卵を入れて軽く混ぜ、残りの材料をすべて合わせて切るように混ぜる。
3. 温かいうちに②を丸くまとめてラップ紙で包み、冷蔵庫で一晩やすませる。
4. 翌日に③をのばして成形する。バットに並べて冷凍し、密閉容器に入れて冷凍保存する。

週1回

3週間に
1回

トマトソース

〈 材料 〉
ホールトマト…2.5kg
オリーブオイル…適量
ニンニク…1片
タマネギ…2個
塩…適量
バジルの枝…1～2本

〈 作り方 〉
1. ホールトマトをハンドミキサーで撹拌し、ザルで漉して種やヘタを除く。
2. オリーブオイルを敷いた鍋につぶしたニンニクを入れ、火を通す。
3. ②にざく切りにしたタマネギを入れて軽く炒め合わせる。塩をふって蓋をし、ごく弱火で蒸し焼きにする。
4. くたくたの状態になったら①を加え、バジルの枝を入れて強火にかける。沸いたらごく弱火にして30分間煮る。
5. バジルの枝を取り除き、ハンドブレンダーで撹拌する。氷水に当てて急冷し、密閉容器に移して冷蔵保存する。

ボロネーゼのベース

月1回

〈 材料 〉
牛の挽き肉(粗挽き)…3kg
ソフリット
　タマネギ…3個
　セロリ…2本
　ニンジン…1本
赤ワイン…1.5ℓ
フォン・ド・ヴォー…820㎖
トマトペースト…150g
ローリエ…適量
牛乳…30～50㎖
ナツメグパウダー…適量
塩…適量

〈 作り方 〉
1. ソフリットを作る。みじん切りにしたタマネギとセロリ、ニンジンをオリーブオイルで飴色になるまで炒める。
2. 牛の挽き肉をしっかりと焼き色がつくようフライパンで焼く。余分な脂を捨て、①のソフリットと合わせて鍋に移す。
3. ②のフライパンに赤ワインを注ぎ、デグラッセしながら半分になるまで煮詰め、①の鍋に加える。
4. 水分をとばしながら軽く炒め合わせ、フォン・ド・ヴォー、トマトペースト、ローリエを加え、ごく弱火で1時間半煮る。
5. 味をみながら牛乳とナツメグパウダー、塩で調味する。
6. 氷水に当てて急冷し、密閉袋に小分けにして入れて空気を抜き、冷凍保存する。

下味をつけた
鶏腿肉

〈 材料 〉
鶏の腿肉
…8枚(約2kg)
塩…20g
砂糖…10g
黒コショウ…5g
白だし…30g

〈 作り方 〉
鶏の腿肉1枚を4等分にカットし、調味料と合わせて密閉容器に入れ、冷蔵保存する。

週1回

ラザーニャ

〈 材料 〉
長ナス…8本
ズッキーニ…4本
ベシャメル
　牛乳…1.3ℓ
　水…200㎖
　チキンコンソメ…10g
　バター…160g
　薄力粉…160g
ボロネーゼのベース(121頁)…150g
ニンニクの素揚げ(みじん切り)…適量
塩…適量
コショウ…適量
バター…適量
グラナ・パダーノ(粉末)…適量
ラザニア生地…適量

月1回

〈 作り方 〉
❶ 長ナスとズッキーニを厚めにスライスし、素揚げしておく。
❷ ベシャメルを作る。小鍋に牛乳と水、チキンコンソメを合わせて沸く手前まで温める。
❸ 別の鍋にバターを入れて弱火で溶かし、薄力粉を加え混ぜてペースト状にする。
❹ ❸に❷を少量ずつ加え混ぜる。
❺ ❹にボロネーゼのベースを加え、ニンニクの素揚げ、塩、コショウで調味してソースとする。
❻ バットの内側にバターを塗り、❺のソースを流してグラナ・パダーノをふり、ラザニア生地を重ねる。
❼ ❻にソースを流してグラナ・パダーノをふり、生地を重ねる。
❽ ❼にソースを流してグラナ・パダーノをふり、❶の長ナスの素揚げをのせ、生地を重ねる。
❾ ❽にソースを流してグラナ・パダーノをふり、❶のズッキーニの素揚げをのせ、生地を重ねる。
❿ ❾にソースを流してグラナ・パダーノをふり、❶の長ナスの素揚げをのせ、生地を重ねる。
⓫ ❿にソースを流してグラナ・パダーノをふり、生地を重ねる。
⓬ ⓫にソースを流してグラナ・パダーノをふり、生地を重ねる。
⓭ ⓬にソースを流して、生地を重ねる。
⓮ ⓭を280℃のオーブンで焼く。様子をみながら25分間ほど焼き、火を落とす。オーブンに入れたまま、余熱でしっかりと火を入れる。
⓯ 粗熱を取って冷蔵庫で一晩冷やす。翌日に切り分け、1つずつアルミホイルで包んで冷凍する。

ソース・ピストゥー

〈 材料 〉
バジル…1パック
グレープシードオイル…120㎖
塩…1つまみ
レモン果汁…1/4個分

週1回

〈 作り方 〉
材料をすべて合わせてハンドブレンダーで撹拌し、ディスペンサーに入れる。

ガトーショコラ

2週間に1回

〈 材料 〉
(240mm×80mm×60mmの型2台分)
チョコレート…564g
バター…480g
全卵…8個分
グラニュー糖…218g
オレンジの皮…2個分

〈 作り方 〉
❶ チョコレート(冷凍)とバターをボウルに合わせ、ラップ紙を被せて湯煎で溶かす。
❷ 別のボウルに全卵とグラニュー糖を合わせて撹拌する。
❸ ❷に❶を少量ずつ流しながら混ぜ合わせる。細かくきざんだオレンジの皮を入れ、さっくりと合わせる。
❹ ❸を型に流し入れ、150～170℃のオーブンで湯煎焼きする。様子をみながら約1時間かけて焼き上げる。
❺ オーブンから出して室温におき、粗熱がとれたら冷蔵庫で保存する。

ゼッポリーニの生地

週3～4回

〈 材料 〉

A	強力粉…300g	
	薄力粉…75g	
	塩…3g	
	砂糖…3g	
	ドライイースト…6g	
B	白ワイン…75g	
	ぬるま湯…300g	
	生ノリ…20g	

〈 作り方 〉
❶ AとBの材料をそれぞれ別に合わせておく。
❷ ❶の2つを混ぜ合わせ、ボウルに入れてラップ紙でぴっちりと包んで室温で発酵させる。
❸ 1時間弱経って膨らんだらパンチをしてガスを抜き、ラップ紙で包んで室温で発酵させる。
❹ 再び膨らんでくるので再度パンチをし、密閉容器に入れて冷蔵保存する。

牛のイチボ

同じイチボでも場所により
肉質は異なる。切り分けた
後もパッと見てわかるよう
数字をふり、グラム数を書
くことで、ゲストの性別や
年齢に合わせて最適な肉を
出せるよう意識している。

バーニャカウダの
ベース

月1回

〈 材料 〉

ニンニク
（皮をむいたもの）…1kg
牛乳…少量
アンチョビー（フィレ）…700g
生クリーム
（乳脂肪分38%）…適量

〈 作り方 〉

❶ ニンニクを水からゆでこぼす。
❷ ①を牛乳を加えた水でゆでる。指でつぶれるくらいの硬さになった
　らザルに上げる。
❸ 鍋にアンチョビーを入れて火にかけ、溶けたら②と生クリームを加える。
　沸いたら火を止め、ボウルに移してハンドブレンダーで撹拌する。
❹ ④を氷水に当てて急冷し、2つの袋に分けて入れ、真空にかける。
❺ 1つは営業ですぐに使えるよう冷蔵庫に入れ、1つは冷凍保存する。
　なお冷凍保存したほうは、袋から出して一度沸かして使用している。

ティラミス

週1回

〈 材料 〉

グラニュー糖…50g
コアントロー…20㎖
エスプレッソ…280㎖
サボイアルディ（市販品）…14本
ザバイオーネ
　卵黄…8個分
　マルサラ（ドルチェ）…100㎖
　グラニュー糖…60g
　板ゼラチン…1枚
クリーム
　生クリーム（乳脂肪分38%）…125㎖
　グラニュー糖…25g
マスカルポーネ…250g

〈 作り方 〉

❶ フライパンにグラニュー糖を入れて火にかける。しっかりと焦げ
　たら、コアントローを加えたエスプレッソを流し、弱火にしてカ
　ラメリゼする。
❷ バットにサボイアルディを並べ、①を流してしみ込ませる。
❸ ザバイオーネを作る。ボウルに卵黄とマルサラ、グラニュー糖を
　合わせて湯煎にかけながら撹拌する。水でふやかした板ゼラチン
　を加え混ぜ、氷水に当てて急冷する。
❹ クリームを作る。生クリームとグラニュー糖を合わせて8分立て
　にする。
❺ マスカルポーネをハンドミキサーで撹拌する。
❻ ⑤に③と④を半量ずつ入れて混ぜ合わせる。残りの半量を加え混
　ぜ、ティラミスクリームとする。
❼ 密閉容器に⑥のティラミスクリームを薄く敷き、②のサボイアル
　ディを重ねる。さらにティラミスクリーム、サボイアルディ、ティ
　ラミスクリームの順に重ね、冷蔵庫で保存する。

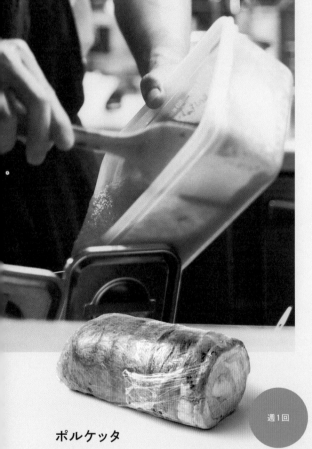

週1回

ポルケッタ

〈 材料 〉

豚のバラ肉（ブロック）…2kg
セージ…1パック
ローズマリー…1パック
ウイキョウの枝…適量
塩…肉の重量の1〜1.1%
砂糖…塩の半量
ニンニクオイル*…適量

*ニンニクオイル　ニンニクを素
揚げした際の油

〈 作り方 〉

❶ 豚のバラ肉の中央に入った脂の層に包丁を入れて、切り開く。
❷ 身側にフォークを刺して穴をあける。
❸ セージの葉とローズマリー、その倍量のウイキョウの枝を合わせ、包丁できざむ。
❹ ②の身側に塩と砂糖、ニンニクオイル、③のハーブをすり込み、ぐるりと巻いてタコ糸で縛る。
❺ ④を250℃のオーブンで焼く。様子をみながら、およそ30分間焼いてしっかりと焼き色をつける。
❻ 焦げないよう⑤にアルミホイルを被せてさらに30分間ほど焼く。
❼ ⑥をオーブンから出してアルミホイルで2重に包んで、余熱で中まで火を通す。
❽ 粗熱が取れたらアルミホイルを取ってタコ糸をはずし、ラップ紙で包んで冷蔵する。一晩ねかせてから使う。

注文が入ったら、まずは2つの生地をフライヤーに投入。
揚がる間に肉類をカットして温め、冷前菜を盛りつけておく――。
無駄を省いた手順により、揚げ物があっても最短5分で提供可能

おまかせ前菜盛り合わせ

〈 材料 〉

ゼッポリーニの生地(122頁) …適量
パネッレの生地(119頁) …2個
ローストビーフ(120頁) …2枚
サラミ…2枚
カポナータ(118頁) …適量
キャロットラペ(118頁) …適量
紫キャベツのマリネ(118頁) …適量
イタリアンパセリ…適量
塩…適量
粗挽き黒コショウ…適量
パルミジャーノ…適量
E.V. オリーブオイル…適量

〈 作り方 〉

❶ ゼッポリーニの生地とパネッレの生地を揚げ油で揚げる。

❷ 揚げている間にローストビーフとサラミをスライスし、ボイ
ラーの近くで温めておく。

❸ 小皿にカポナータを盛り、キャロットラペと紫キャベツのマリ
ネとともに皿に盛る。

❹ ①が揚がったらゼッポリーニに塩をふり、パネッレ、②のロー
ストビーフとともに皿に盛る。パネッレにサラミをのせる。

❺ 野菜類にきざんだイタリアンパセリをふり、ローストビーフに
塩と黒コショウをふる。パルミジャーノを削りかけ、カポナー
タとローストビーフに E.V. オリーブオイルをかける。

仕込み
アイテム

ゼッポリーニの生地　パネッレの生地　ローストビーフ　カポナータ　キャロットラペ　紫キャベツのマリネ

フルーツトマトのカプレーゼ

〈 材料 〉

フルーツトマト…3個
塩…適量
粉糖…適量
赤ワインヴィネガー…適量
E.V. オリーブオイル…適量
粗挽き白コショウ…適量
ストラッチャテッラチーズ…適量
ソース・ピストゥー（122頁）…適量
粗挽き黒コショウ…適量

〈 作り方 〉

❶ フルーツトマトを8等分し、多めの塩、粉糖、赤ワインヴィネガー、E.V. オリーブオイル、粗挽き白コショウとともにボウルに合わせて、しっかりと混ぜる。

❷ 液体が乳化してとろみが出てきたら皿に盛り、ストラッチャテッラチーズをのせ、ソース・ピストゥーをかける。チーズに塩と粗挽き黒コショウをふる。

仕込みアイテム

ソース・ピストゥー

イタリアンチャーシュー
ポルケッタと
くるくる九条ねぎ

〈 材料 〉

ポルケッタ(123頁) …4枚
九条ネギのレモン塩和え
　九条ネギのスライス…適量
　ニンニクの素揚げ(みじん切り) …小さじ1
　塩…適量
　粗挽き白コショウ…適量
　粗挽き黒コショウ…適量
　E.V. オリーブオイル…適量
　レモン果汁…適量
粗挽き黒コショウ…適量
E.V. オリーブオイル…適量
レモン…適量

〈 作り方 〉

❶ ポルケッタのラップ紙をずらし、4枚分スライスする。
　パイ皿にのせ、250℃のオーブンに3分間入れて温め
　た後、バーナーで軽くあぶる。

❷ 九条ネギのレモン塩和えの材料をすべてボウルで合わ
　せ、よく和える。

❸ 器に①を盛って②をのせ、粗挽き黒コショウとE.V. オ
　リーブオイルをふって、レモンのくし切りを添える。

仕込み
アイテム

ポルケッタ

オーブンで温めて脂をしっとりさせたポルケッタに、
レモン風味の九条ネギでフレッシュ感をプラス

アンチョビバターの
揚げニョッキ

〈 材料 〉

ニョッキ(121頁) …100g
ブール・ノワゼット
　バター…適量
　ケッパー…適量
　アンチョビー…適量
　ニンニク(みじん切り)
　　…適量
　イタリアンパセリ…適量
パルミジャーノ…適量
粗挽き黒コショウ…適量
イタリアンパセリ…適量

仕込み
アイテム

ニョッキ

〈 作り方 〉

❶ ニョッキを冷凍したまま揚げ油で揚げる。

❷ ブール・ノワゼットを作る。イタリアン
　パセリ以外の材料を鍋に入れて強火にかけ、
　薄茶色になってきたらきざんだイタリアン
　パセリを入れて火を止める。

❸ ②に①を入れ、軽く和えて皿に盛る。パル
　ミジャーノを削りかけ、粗挽き黒コショウ、
　きざんだイタリアンパセリをふる。

冷凍のまま油で揚げたバター入りのニョッキを
ブール・ノワゼットとパルミジャーノで"悪魔的なおいしさ"に

軽く発酵した衣を使った唐揚げは、
"鶏天とフリットの中間"のイメージ

gnudiの唐揚げ

〈 材料 〉
下味をつけた鶏腿肉(121頁) …4個
唐揚げの衣(120頁) …適量
レモン…適量

〈 作り方 〉
❶ 下味をつけた鶏腿肉を唐揚げの衣にくぐらせ、
175℃の油に入れる。
❷ 3分間揚げたら一度取り出して6分間やすませ、
再度2分間揚げて4分間やすませる。
❸ 最後に10秒間ほど揚げ、油をきって皿に盛る。
レモンのくし切りを添える。

仕込み
アイテム

下味をつけた
鶏腿肉

唐揚げの衣

市販のスモークサーモンも、オイルに浸けて保存する際に
バジルとオレンジの風味をつければ、ワンランク上の味わいに

スモークサーモンと
とろとろチーズのブルスケッタ

〈 材料 〉

ライ麦パン…1枚
スモークサーモン(118頁)…4枚
ストラッチャテッラチーズ…適量
塩…適量
ケッパー…適量
ソース・ピストゥー(122頁)…適量
粗挽き黒コショウ…適量
ディル…適量

〈 作り方 〉

❶ ライ麦パンを 2 ～ 3cmの厚さに切り、コン
ロの直火で焼いて温める。

❷ ①を皿に置き、スモークサーモンを4枚の
せて、ストラッチャテッラチーズを盛る。

❸ チーズに塩をふってケッパーをのせ、ソー
ス・ピストゥーをかける。粗挽き黒コショ
ウをふり、ディルを飾る。

仕込み
アイテム

スモークサーモン　　ソース・ピストゥー

ブロッコリーの
バーニャカウダと
目玉焼き

〈 材料 〉

ブロッコリー…約1房
卵…1個
バーニャカウダのベース(123頁) …20g
生クリーム(乳脂肪分38%) …少量
パルミジャーノ…適量
粗挽き黒コショウ…適量
E.V. オリーブオイル…適量

〈 作り方 〉

❶ ブロッコリーを小房に分けて、パスタ用に沸かし
ている塩湯(塩分濃度1%)で2分半ゆでる。
❷ 熱した鍋に卵を割り入れ、目玉焼きを作る。
❸ バーニャカウダのベースを生クリームでのば
し、①のブロッコリーとともにボウルに合わせる。
E.V. オリーブオイルを加えながら和える。
❹ ③を皿に盛り、②をのせて上からパルミジャーノ
を削りかける。粗挽き黒コショウとE.V. オリーブ
オイルをふる。

仕込み
アイテム

バーニャカウダの
ベース

いわしのマリネと
ういきょうのサラダ

〈 材料 〉

いわしのマリネ(119頁) …1尾
ウイキョウのサラダ
ウイキョウ…適量
カラマンシーヴィネガー…適量
E.V. オリーブオイル…適量
粗挽き白コショウ…適量
塩…適量
オレンジ…適量
ディル…適量
E.V. オリーブオイル…適量

仕込み
アイテム

いわしのマリネ

〈 作り方 〉

❶ いわしのマリネを密閉容器から出し、余分な油を
ペーパーで拭いてスライスする。
❷ ウイキョウをスライサーでごく薄くスライスする。
カラマンシーヴィネガー、E.V. オリーブオイル、粗
挽き白コショウ、塩で和える。
❸ ②を皿に盛り、①と適当な大きさに切ったオレンジ
の果肉を盛る。ディルをのせ、E.V. オリーブオイル
をまわしかける。

トウモロコシクリームの
自家製タリアテッレ

〈 材料 〉
タリアテッレ (119頁) …90g
ベーコン…適量
トウモロコシ…適量
トウモロコシクリーム (119頁) …30g
生クリーム (乳脂肪分38%) …30g
E.V. オリーブオイル…適量
グラナ・パダーノ (粉末) …適量
イタリアンパセリ…適量

〈 作り方 〉
❶ タリアテッレを冷凍のまま塩湯で3〜4分間ゆでる。
❷ フライパンにオリーブオイルを熱し、1cm幅に切ったベーコンとトウモロコシの実を炒める。
❸ トウモロコシクリームを入れ、生クリームとパスタ用の塩湯少量 (分量外) でのばす。
❹ ③にゆで上がった①を入れ、E.V. オリーブオイルとグラナ・パダーノを加えて和える。
❺ 皿に盛り、きざんだイタリアンパセリとグラナ・パダーノをふる。

仕込み
アイテム

タリアテッレ

トウモロコシクリーム

2つのソースを鍋に合わせて温め、ナスの素揚げとともに
麺を和えるだけで、牛挽き肉の旨味溢れるボロネーゼに

ボロネーゼのキタッラ

〈 材料 〉

キタッラ…100g
ナスの乱切り…8片
ソース
　ボロネーゼのベース
　（121頁）…100g
　トマトソース
　（121頁）…40g
　塩…1つまみ
　ニンニクの素揚げ
　…小さじ1
　バター…10g

E.V. オリーブオイル…適量
グラナ・パダーノ（粉末）…適量
パルミジャーノ…適量
イタリアンパセリ…適量
粗挽き黒コショウ…適量

〈 作り方 〉

❶ キタッラを塩湯で11分間ゆでる。
❷ ナスの乱切りを素揚げする。
❸ ソースの材料をフライパンに入れ、火
　にかけて炒め合わせる。すべて火が
　通っているので、ボロネーゼのベース
　が溶けて全体が合わされば完了。
❹ ❸に❶と❷、E.V. オリーブオイル、グラ
　ナ・パダーノを入れて和える。
❺ 皿に盛り、パルミジャーノを削りかけ、
　きざんだイタリアンパセリと粗挽き黒
　コショウをふる。

仕込み
アイテム

ボロネーゼの
ベース

トマトソース

アルミホイルで包み、オーブンで1時間焼いて
甘みを引き出したタマネギは、
肉料理の付合せ用に常備

和牛イチボのロースト

〈 材料 〉

牛のイチボ（123頁）…180g
タマネギのロースト（120頁）
…1/2個
塩…適量
E.V. オリーブオイル…適量
タイム…適量
粗挽き黒コショウ…適量
トリュフ塩…小さじ1/2
粒マスタード…小さじ1

〈 作り方 〉

❶ タマネギのローストの断面に塩とE.V. オリーブオイルをふり、250℃のオーブンで25分間焼く。オーブンから出し、厨房の温かい場所に置いておく。
❷ 牛のイチボに塩をふって高温に熱した鉄のフライパンで焼き、全面にしっかりと焼き色をつける。
❸ ②を250℃のオーブンで3分間焼き、アルミホイルで包んで厨房の温かいところでやすませる。オーブンに入れては出してやすませることをくり返し、火を入れる。
❹ ガスコンロに網をのせ、その上で③を転がしながら直火でカリッと香ばしく焼く。
❺ ④にタイムをのせ、①のタマネギと一緒に250℃のオーブンに入れて1分間焼いて仕上げる。
❻ 肉を半分にカットし、タマネギとともに皿に盛る。肉の断面に軽く塩をふってE.V. オリーブオイルをかけ、タイムをのせる。粗挽き黒コショウをふり、トリュフ塩と粒マスタードを添える。

仕込み
アイテム

タマネギのロースト

牛のイチボ

茄子とズッキーニの
ミートラザーニャ

〈 材料 〉
ラザーニャ（122頁）…1個（160g）
E.V. オリーブオイル…適量
グラナ・パダーノ（粉末）…適量
イタリアンパセリ…適量
粗挽き黒コショウ…適量

〈 作り方 〉
❶ ラザーニャは毎日2個を冷蔵庫で解凍しておくが、営業中に足りなくなったら電子レンジで半解凍する（中は冷たいままでよい）。
❷ ①をクッキングシートで包み、E.V. オリーブオイルとグラナ・パダーノをふって250℃のオーブンで4～5分間焼く。
❸ ②を皿に盛り、きざんだイタリアンパセリを散らして粗挽き黒コショウとE.V. オリーブオイルをふる。

ラザーニャは24皿分を一度に仕込んで
冷凍ストック。解凍して
オーブンで焼けば、熱々のおいしさに

仕込み
アイテム

ラザーニャ

レバームースの
カンノーロ

仕込み
アイテム

レバームース

〈 材料 〉
レバームース（120頁）…適量
カンノーロ生地（市販品）…2本
ブラッドオレンジのジャム…適量
エスプレッソの粉末…適量

〈 作り方 〉
❶ レバームースの袋の端を小さくカットし、カンノーロ生地の両サイドから絞り入れる。
❷ 滑り止め用のブラッドオレンジのジャムを皿に盛り、その上に①を並べる。エスプレッソの粉末をふる。

切って盛って粉糖をふって完成の定番デザート

濃厚ガトーショコラ

〈 材料 〉
ガトーショコラ(122頁)…適量
粉糖…適量

〈 作り方 〉
ガトーショコラをカットして皿に盛り、粉
糖をふる。

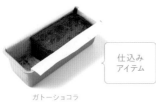

仕込み
アイテム

ガトーショコラ

クラシック ティラミス

〈 材料 〉
ティラミス（123頁）…適量
ココアパウダー…適量
粉糖…適量

〈 作り方 〉
ティラミスをスプーンで取って皿に盛り、
ココアパウダーと粉糖をふる。

仕込み
アイテム

ティラミス

撮影	合田昌弘（コントワール クアン／中華 汀／ ボート／Craft Beer Kitchen 心の月／ニューディー） 坂元俊満（ビストロ ラ コケット）
デザイン	吉澤俊樹（ink in inc）
編集	淀野晃一

バル・ビストロ・カジュアルレストラン

ワンオペ店の
仕込み術

初版発行	2023年12月20日
3版発行	2024年 4月20日

編者©	柴田書店
発行者	丸山兼一

発行所	株式会社柴田書店
	〒113-8477
	東京都文京区湯島3-26-9 イヤサカビル
営業部	03-5816-8282（注文・問合せ）
書籍編集部	03-5816-8260
	https://www.shibatashoten.co.jp

印刷・製本	シナノ書籍印刷株式会社